Véronique Witzigmann

Das Marmeladenbuch

Mit farbigen Illustrationen
von Kat Menschik

Insel Verlag

Insel-Bücherei Nr. 2008

Das Marmeladenbuch

Was hat James Kreiler mit Marmelade zu tun?

Nun, eigentlich ist er bzw. vielmehr seine Frau Janet dafür verantwortlich, dass wir in den Genuss des täglichen Marmeladenbrotes kommen. Es soll sich wohl so zugetragen haben, dass der findige schottische Geschäftsmann James Kreiler im Hafen von Dundee ein spanisches Handelsschiff liegen sah. An Bord befand sich eine Ladung nicht mehr ganz so frischer Bitterorangen. Mr. Kreiler erstand die Ladung Zitrusfrüchte für kleines Geld und brachte sie seiner Frau, die einen Gemischtwarenladen führte. Die Bitterorangen waren roh ungenießbar, und so kam sie auf die Idee, die Früchte samt Schale in Stücke zu schneiden und mit viel Zucker einzukochen. Das war die Geburtsstunde der englischen Bitterorangenmarmelade. Die Kunden liebten diese Leckerei, und die Kreilers nahmen die Marmelade in ihr Sortiment auf. 1797 gründete die Familie die erste Marmeladenmanufaktur der Welt, die bis heute in Betrieb ist.

Ich persönlich bin der Familie Kreiler für ihre Entdeckung sehr dankbar, denn auch ich zähle zu den Liebhabern der süßen Frühstückskultur. Studien besagen, das fast jeder Zweite den Tag mit einem Marmeladenbrot beginnt. Ich genieße den Aufstrich nicht nur täglich zum Frühstück, fast ebenso gern stehe ich in der Küche und koche Obst ein. Mehrmals im Jahr erfasst mich dieses Kribbeln in den Fingern, besonders wenn sich die Frühjahrs- und Sommermonate nähern. Gespannt beobachte ich die Natur und hoffe auf eine gute Ernte. Den Anstoß für neue Rezepte gibt mir oft ein Marktbesuch – vielleicht ist das auch ein schöner Tipp für Sie! Wenn das Obst so frisch, in bunter Fülle und hübsch aufgebaut ist, dann möchte ich am liebsten sofort loslegen. Die Herstellung von Fruchtaufstrich, der im Volksmund der Einfachheit halber meist als Marmelade bezeichnet wird, ist gar nicht schwer. Ich würde mich freuen, wenn der Funke der Begeisterung mit diesem Buch überspringt und Sie bei den zahlreichen Anregungen Ihre Lieblingsrezepte finden.

Herzlichst
Ihre
Véronique Witzigmann

PS: … und vergessen Sie nicht, immer 1 bis 2 Gläser Ihrer Lieblingssorte auf Vorrat zu haben, solche Schätze sind das ideale Mitbringsel!

Kleine Warenkunde

Konfitüre, Marmelade, Gelee und Fruchtaufstrich – alles eins? Im Volksmund wird zwischen den oben genannten Begriffen eher wenig unterschieden. Seit 2003 gibt es jedoch eine Konfitürenverordnung, die die Begriffe sowie Obst- und Zuckeranteil der jeweiligen Bezeichnung genau festlegt. Ich möchte Ihnen diese Deklaration in einer Kurzfassung erläutern. Fruchtmischungen mit einem Fruchtanteil von 50 % werden als Konfitüre bezeichnet. Als Marmelade dürfen nur eingekochte Zitrusfrüchte bezeichnet werden. Gelee ist die Bezeichnung für eingekochte Fruchtsäfte oder wässrige Auszüge mit einem Zuckergehalt von 50 %. Ab einem Fruchtanteil von 55 % darf die Bezeichnung Fruchtaufstrich verwendet werden.
Ein Fruchtaufstrich mit etwa 70 % Fruchtanteil ist deshalb sehr hochwertig, nicht nur unter gesundheitlichen Aspekten, sondern auch wegen des fruchtigen Geschmacks. Beides sind für mich die besten Argumente für diese Art der Zubereitung.

Obsteinkauf Die wichtigste Zutat beim Einkochen ist einwandfreies und qualitativ hochwertiges Obst. Es sollte so eingekauft werden, wie Sie es am liebsten essen: saftig und reif – auf dem Punkt! Ich rate davon ab, überreifes Obst im Rahmen der Resteverwertung einzukochen. Die Früchte haben dann bereits an Aroma, Geschmack, Vitaminen und Nährstoffen verloren.
Nicht jeder hat das Glück und besitzt einen Garten, der ihn zur Ernte einlädt. Beim Einkauf auf dem Markt oder beim Gemüsehändler achte ich auch darauf, Früchte der Saison und aus der Region zu bekommen. Diese Produkte sind meist günstiger und aufgrund kürzerer Transportwege auch geschmackvoller. Bei Zitrusfrüchten und Trauben achte ich auf ungespritzte oder aus biologischem Anbau stammende Ware. Es lohnt sich übrigens,

im Bioladen oder auf dem Markt auch nach alten Obstsorten Ausschau zu halten.

Hat man die frischen Schätze dann zuhause, sollten sie rasch verarbeitet werden. Ist dies einmal nicht möglich, legen Sie sich einen Vorrat im Tiefkühlfach an. Dafür die Früchte waschen, putzen, entkernen und abwiegen. Ohne Zucker in einen Gefrierbeutel geben und verschließen. Auf dem Beutel Datum und Gewicht vermerken. So können die Früchte zu einem späteren Zeitpunkt aufgetaut und verwendet werden. Zum Einfrieren eignen sich besonders Himbeeren, Brombeeren, Heidelbeeren Erdbeeren, Aprikosen und Zwetschgen.

Wenn Sie gerne Gelee zubereiten und das etwas mühevolle Entsaften umgehen möchten, können Sie im Bioladen hochwertige ungesüßte Muttersäfte bekommen. Je nach Rezept wird der Saft abgemessen und weiterverarbeitet.

Utensilien Eine kleine Grundausstattung an folgenden Dingen sollten Sie sich zulegen, dann können Sie mit dem Einkochen auch schon beginnen: Obstmesser, digitale Waage, mittelgroßes Kunststoffbrett, Zitronenpresse, Messbecher, Durchschlag oder Sieb, 3–4 Schüsseln in verschiedenen Größen, mittleren und großen Topf aus Edelstahl oder Kupfer, Kochlöffel, Pürierstab oder wahlweise Flotte Lotte, Eieruhr, Einmalteefilter, Edelstahltrichter, Schöpfkelle in mittlerer Größe, Gläser, Deckel, Etiketten, Stift und Block für spontane Rezeptideen.

Zucker Der Zucker ist für die Haltbarkeit der Aufstriche und Marmeladen verantwortlich. Als kleine Faustregel gilt, je höher der Zuckeranteil, umso länger ist die Haltbarkeit.

Gelierzucker Diese Erfindung aus den 70er Jahren macht das Marmeladen- / Fruchtaufstrich-Kochen einfacher, da sich durch das im Zucker enthaltene Pektin die Kochzeit reduziert. Das ist für die Früchte von Vorteil, denn sie behalten die Farbe und ihren intensiven Fruchtgeschmack. In Gelierzuckermischungen aus dem Handel sind außer Zucker und Pektin gegebenenfalls noch weitere Zutaten enthalten wie Sorbinsäure (dient der Konservierung), Zitronensäure (ein Säuerungsmittel, das die Gelierung unterstützt), pflanzliches Öl (zur Haftung des Pektins an den Zuckerkörnern). Das Pektin lagert sich gelegentlich am Boden der Verpackung ab. Wenn Sie nicht die ganze Tüte aufbrauchen, leeren Sie den Beutelinhalt in eine Schüssel und mischen alles sorgfältig durch. Auf diese Art verteilen sich Zucker und Pektin wieder gleichmäßig.
Im Handel sind verschiedene Fertigmischungen erhältlich, die folgendermaßen verwendet werden sollten: 1:1 heißt ein Teil Frucht zu einem Teil Zucker; 2:1 heißt zwei Teile Frucht zu einem Teil Zucker, und 3:1 heißt entsprechend drei Teile Frucht zu einem Teil Zucker.

Einmachzucker dagegen besteht nur aus Zucker ohne Zusätze und eignet sich gut für Kompott. Die grobkörnige Raffinade enthält besonders große Zuckerkristalle, die sich beim Einkochen langsam auflösen und die Schaumbildung verhindern. Braunen Zucker oder Rohrzucker verwende ich gern, um eine leichte Karamellnote zu setzen.

Pektin Pektin wird vorwiegend aus Äpfeln gewonnen und ist somit eine natürliche Zutat. Jede Frucht hat einen Eigenanteil an Pektin, und daher kann das Ergebnis nach dem Kochen auch in der Konsistenz unterschiedlich fest oder weich ausfallen. Früchte, die viel Pektin enthalten, sind Äpfel, Johannisbeeren und Quitten. Einen mittleren Pektinanteil haben z. B. Aprikosen, Brombeeren, Birnen, und wenig Pektin ist in Himbeeren und Kirschen enthalten.
Die Enzyme von exotischen Früchten wie Kiwis oder Ananas und die Oxalsäure des Rhabarbers können manchmal die Festigkeit des Aufstrichs verändern. Ich verwende daher oft eine Mischung aus Früchten mit höherem und mit geringerem Pektinanteil.
Man kann aber auch eine eigene Gelierzucker-Mischung herstellen. Pektin kann man kaufen, alternativ bringen auch Johannisbrotkernmehl oder Agar-Agar das Eingekochte zum Gelieren. Jedoch gibt es kein Rezept, das für alle Aufstriche gleichermaßen gilt. Es erfordert daher ein wenig Übung und Experimentierfreude, bis für jede Sorte die richtige Mischung gefunden ist. In jedem Fall empfiehlt es sich, eine Gelierprobe zu machen. Ich nehme dazu kurz vor Ende des Kochvorgangs ein wenig von der kochenden Masse ab und gebe einen Tropfen auf einen kalten Teller. Wird der Tropfen fest, fülle ich den Aufstrich ab, wenn nicht, verlängere ich die Kochzeit um weitere 1 bis 2 Minuten und gebe gegebenenfalls noch etwas Zitronensaft hinzu.

Sterilisieren der Einmachgläser Absolute Sauberkeit ist für die Haltbarkeit der eingekochten Früchte eine wichtige Voraussetzung. Für die Aufbewahrung gibt es zwei Möglichkeiten, entweder Gläser mit einem Schraubdeckelverschluss oder die klassischen Einmachgläser mit Gummiringen als Dichtung. Ich sterilisiere die Gläser meistens im Backofen. Dazu stellt man die gut gewaschenen, abgetropften Gläser und Deckel mit der offenen Seite nach oben in eine Rein oder auf ein Backblech und erhitzt sie etwa 10 Minuten bei 160°. Die Gläser dann auf ein sauberes Küchentuch stellen und vor dem Einfüllen etwas abkühlen lassen.

Alternativ kann man die gewaschenen Gläser auf einem Gitter in einen weiten, tiefen Topf stellen. Den Topf und die Gläser mit kochendem, am besten kalkfreiem Wasser füllen und etwa 10 Minuten kochen lassen. Die Gläser dann kopfüber auf einem sauberen Küchentuch abtropfen lassen. Die Deckel und die Gummiringe sterilisiert man genauso.

Einfüllen Die Gläser sollten beim Einfüllen noch warm sein oder auf einem feuchten Tuch stehen, sonst besteht die Gefahr, dass sie zerspringen. Zum sauberen Einfüllen benutzen Sie am besten einen Edelstahltrichter und eine Schöpfkelle, so bleiben die Ränder sauber. Sollte doch einmal etwas danebengehen, den Rand unbedingt mit einem sauberen, feuchten Tuch oder Küchenpapier säubern. Die Gläser lassen sich sonst nicht dicht verschließen. Da die Mengen immer etwas variieren können, sterilisiere ich zur Vorsicht immer 1 bis 2 Gläser mehr.

Wichtig ist beim Befüllen der Gläser, dass keine Luftlöcher entstehen, denn der Sauerstoff in den Zwischenräumen kann das Wachstum von Keimen fördern. Gläser randvoll füllen und danach sofort verschließen. Wenn sich dennoch kleine Luftlöcher beim Abfüllen bilden, das Glas vorsichtig auf ein Schwammtuch klopfen oder das Glas zwischen beiden Händen schnell hin und her drehen.

Wenn sich beim Einkochen Schaum gebildet hat, muss der vor dem Abfüllen unbedingt abgeschöpft werden, denn dadurch können Bakterien entstehen, die die Aufstriche verderben lassen. Der Schaum entsteht meist beim Einkochen von sehr eiweißhaltigen Früchten wie Erdbeeren oder Orangen.

Haltbarkeit Die Gläser sollten an einem kühlen, dunklen Ort gelagert werden. Unangebrochen können die Aufstriche und Marmeladen mindestens 12 Monate aufbewahrt werden. Werden Gläser mit Fruchtaufstrich liegend gelagert, kann es zur Synärese kommen, dabei trennen sich Flüssigkeit und feste Bestandteile. Der Fruchtaufstrich kann aber dennoch verzehrt werden, man muss ihn nur vorher umrühren. Angebrochene Gläser sollten im Kühlschrank aufbewahrt werden. Zur Entnahme des Aufstrichs immer einen sauberen Löffel verwenden.
Bei Rezepten, in denen besondere Zutaten wie z. B. Nüsse, Schokolade, Kokosstückchen, Rosenblätter, Basilikum, Minze enthalten sind, verkürzt sich die Haltbarkeit. Diese Aufstriche sollten innerhalb von 4 bis 5 Monaten verbraucht werden.
Die Farbe von Eingekochtem verblasst meist im Laufe der Zeit. Um die Farbgebung bei roten Früchten zu verlängern, nehme ich Aroniasaftkonzentrat aus dem Naturkostladen und gebe während des Kochens 1 bis 2 Esslöffel in die Mischung. Außerdem koche ich nicht viele Gläser auf Vorrat, lieber öfter kleine Mengen.
Hat sich Schimmel im Glas gebildet oder wölbt sich der Deckel nach oben, dann ist dies ein Zeichen dafür, dass das Einmachgut verdorben ist. In solchen Fällen entsorgen Sie bitte das Glas. Man hört immer wieder, dass man den Aufstrich noch essen könne, wenn man die schimmeligen Stellen entfernt, aber diese Empfehlung teile ich nicht, denn Schimmelsporen verteilen Fäden und sind oft mit bloßem Auge nicht zu erkennen. Das Gleiche gilt auch für Gläser, die sich beim ersten Öffnen ganz leicht aufschrauben lassen. Dann hat sich während des Abküh-

lens kein Vakuum gebildet, und der Inhalt ist wahrscheinlich nicht mehr frisch.
Zur natürlichen Konservierung verwende ich auch gern Zitronen-, Limetten- oder Orangensaft. Durch die Säure wird der Geliervorgang unterstützt, und durch das Marinieren bereits geputzter Obststücke werden Verfärbungen verhindert. Zitronensäure ist auch als konzentriertes Pulver in der Apotheke zu bekommen.

Wo bekomme ich ...? Sämtliche Gewürze wie Zimtblüten, Zimtrinde, Pektin, Javazucker, Gläser sowie Van-Nahmen-Fruchtsäfte und noch viel mehr kann man sehr gut bestellen über www.bosfood.de.

Grundrezept Erdbeeren

Zutaten für 8–9 Gläser à 225 ml

1,6 kg Erdbeeren
3 Orangen
1–2 EL Aronia-Muttersaft
500 g Gelierzucker (3 : 1)

Die Erdbeeren verlesen, in ein Sieb geben und mit kaltem Wasser abbrausen. Die Beeren gut abtropfen lassen, erst dann die Kelchblätter entfernen und die Erdbeeren vierteln. 1,4 kg Fruchtfleisch abwiegen.
Die Orangen halbieren, auspressen und 100 ml Saft abmessen. Die Erdbeeren mit dem Orangensaft und dem Gelierzucker in einen großen Topf geben, mischen und zugedeckt etwa 1 Stunde ziehen lassen.
Die Erdbeermischung unter Rühren langsam zum Kochen bringen und 5 Minuten sprudelnd kochen lassen. Den Aroniasaft unterrühren. Den Erdbeerfruchtaufstrich mit dem Stabmixer pürieren und in die vorbereiteten Gläser füllen und gut verschließen.
Ganz nach persönlichem Geschmack können Sie das Grundrezept für den Erdbeerfruchtaufstrich abwandeln, zum Beispiel mit Vanillemark oder 1–2 EL Grand Marnier.

MEIN TIPP

Damit der Fruchtaufstrich länger seine schöne rote Farbe behält, gebe ich den Aronia-Muttersaft dazu. Erdbeeren sind am aromatischsten, wenn sie mit viel Sonne reifen können. Nach einer Regenperiode gepflückt, schmecken sie meist recht wässrig.

Erdbeeren mit weißem Pfirsich

Zutaten für 5–6 Gläser à 225 ml

3 weiße Pfirsiche
2 EL Pfirsichlikör
900 g Erdbeeren
1 Limette
320 g Gelierzucker (3 : 1)

Die weißen Pfirsiche kreuzweise einritzen und kurz in kochendes Wasser tauchen. Die Pfirsiche häuten, halbieren, entsteinen und 200 g Fruchtfleisch abwiegen. Pfirsichhälften in kleine Stücke schneiden, in eine Schüssel geben, mit dem Likör übergießen und 1 Stunde ziehen lassen.
Die Erdbeeren verlesen, in ein Sieb geben, mit kaltem Wasser abbrausen, gut abtropfen lassen und erst dann die Kelchblätter entfernen. 750 g Beeren abwiegen und vierteln.
Limette halbieren und eine Hälfte auspressen. Die Pfirsichspalten zusammen mit den Erdbeeren, dem Gelierzucker und dem Limettensaft in einen Topf geben. Die Mischung unter Rühren langsam zum Kochen bringen und 6 Minuten sprudelnd kochen lassen. Den Erdbeerfruchtaufstrich mit dem Stabmixer pürieren und in die vorbereiteten Gläser füllen und gut verschließen.

MEIN TIPP

Sehr fein schmeckt dieses Rezept, wenn die geputzten Erdbeeren vor dem Kochen mit dem Stabmixer püriert werden und durch ein feines Haarsieb gestrichen werden. Die kleinen Kerne bleiben im Sieb zurück und das passierte Erdbeerfruchtfleisch wird wie im Rezept beschrieben weiterverarbeitet.

Erdbeeren mit rosa Pfeffer und Minze

Zutaten für 4 Gläser à 225 ml

800 g Erdbeeren
150 g rote Johannisbeeren
1 TL rosa Pfefferbeeren
4 Blätter Zitronenminze
230 g Gelierzucker (3 : 1)

Die Erdbeeren verlesen, in ein Sieb geben und mit kaltem Wasser abbrausen. Die Beeren gut abtropfen lassen, erst dann die Kelchblätter entfernen und die Erdbeeren vierteln. 600 g Fruchtfleisch abwiegen.
Die Johannisbeeren in einen Durchschlag geben, waschen, abtropfen lassen. Die Beeren mit einer Gabel von den Rispen streifen und 100 g abwiegen. In einen Topf geben und mit den Erdbeeren, dem Gelierzucker und den rosa Pfefferbeeren mischen.
Die Mischung unter Rühren langsam zum Kochen bringen und 5 Minuten sprudelnd kochen lassen. Die Minzblätter in feine Streifen schneiden. Den Erdbeerfruchtaufstrich mit dem Stabmixer fein pürieren und die geschnittenen Minzblätter unterrühren. Noch heiß in die vorbereiteten Gläser füllen und gut verschließen.

Erdbeeren mit Lavendelblüten

Zutaten für 5–6 Gläser à 250 ml

1,2 kg Erdbeeren
1 Limette
330 g Gelierzucker (3 : 1)
¼ – ½ TL Lavendelblüten (getrocknet)
1 ½ EL Zartbitterschokoladenblättchen

Die Erdbeeren verlesen, in ein Sieb geben mit kaltem Wasser abbrausen und gut abtropfen lassen. Die grünen Kelchblätter entfernen. Die Früchte halbieren, vierteln und 1000 g Fruchtfleisch abwiegen.
Die Limette halbieren und eine Hälfte auspressen.
Die Erdbeeren mit dem abgewogenen Gelierzucker und dem Limettensaft in einen Topf geben.
Die Lavendelblüten auf einem Brett mit einem Nudelholz etwas anquetschen und ebenfalls mit der Fruchtmasse mischen. Die Fruchtzubereitung für 2 Stunden ziehen lassen.
Die Erdbeer-Zucker-Masse unter Rühren langsam zum Kochen bringen und sprudelnd ca. 5–6 Minuten kochen. Mit dem Stabmixer pürieren. Vor dem Abfüllen die Schokoladenblättchen unterheben. Die heiße Masse in die bereits sterilisierten Gläser einfüllen und gut verschließen.

MEIN TIPP

Den möglicherweise entstehenden Schaum mit dem Schöpflöffel entfernen. Dieser entsteht meist beim Einkochen von sehr eiweißhaltigen Früchten wie z. B. Erdbeeren.
Lavendelblüten sind gut in Apotheken und Reformhäusern zu bekommen.

Erdbeeren mit dunklem Balsamico und schwarzem Pfeffer

Zutaten für 8–9 Gläser à 225 ml

1,6 kg Erdbeeren
2 Orangen
500 g Gelierzucker (3 : 1)
1 TL schwarze Pfefferkörner
3 EL dickflüssiger Aceto balsamico

Die Erdbeeren verlesen, in ein Sieb geben und mit kaltem Wasser abbrausen. Die Beeren gut abtropfen lassen, erst dann die Kelchblätter entfernen und die Erdbeeren vierteln. 1,4 kg Fruchtfleisch abwiegen.
Die Orangen halbieren, auspressen und 90 ml Saft abmessen. Die Erdbeeren mit dem Orangensaft und dem Gelierzucker in einen großen Topf geben, mischen und zugedeckt 1 Stunde ziehen lassen. Die Pfefferkörner im Mörser fein mahlen.
Die Erdbeermischung unter Rühren langsam zum Kochen bringen und 6 Minuten sprudelnd kochen lassen. Den Erdbeerfruchtaufstrich mit dem Stabmixer pürieren. Den gemahlenen Pfeffer und den Balsamessig unter den heißen Fruchtaufstrich rühren, in die vorbereiteten Gläser füllen und gut verschließen.

Erdbeergelee mit kandierten Orangenschalen

Zutaten für 2–3 Gläser à 225 ml

3 Orangen
1 Vanilleschote
115 g brauner Zucker
1 kg Erdbeeren
150 g Gelierzucker (3 : 1)
½ Zitrone

Die Orangen heiß waschen und trockenreiben, halbieren, auspressen, den Saft anderweitig verwenden. Die Orangenschalen vom restlichen Fruchtfleisch befreien, vierteln, im kochenden Wasser 6 Minuten blanchieren und in ein Sieb abgießen. Die Vanilleschote der Länge nach aufschneiden und das Mark herauskratzen. Das Vanillemark mit 300 ml Wasser und 100 g braunem Zucker aufkochen und die Orangenschalen darin bei kleiner Hitze zugedeckt köcheln lassen.
Die Orangenschalen im Sud abkühlen und 24 Stunden ziehen lassen. Dann nochmals 5 Minuten aufkochen. Den Vorgang am nächsten Tag wiederholen. 60 g kandierte Orangenschalen in sehr feine Streifen schneiden. Die restlichen Orangenschalen in ein Einmachglas geben und mit dem übrigen Sirup übergießen.
Die Erdbeeren waschen, putzen und gut abtropfen lassen. Die Beeren vierteln, in einen Topf geben und mit einer Gabel zerdrücken. 1 EL braunen Zucker dazugeben und zugedeckt 2 Stunden ziehen lassen. Die Zitrone halbieren und eine Hälfte auspressen.
Die Erdbeeren mit 100 ml Wasser zum Kochen bringen und 10 Minuten kochen. Durch ein Haarsieb gießen und den Saft auffangen. 500 ml Erdbeersaft mit Gelierzucker und dem Zitro-

nensaft zum Kochen bringen und für 2 Minuten kochen lassen.
 Die kandierten Orangenschalen hinzufügen und weitere 2 Minuten kochen. Das Erdbeergelee in vorbereitete Gläser füllen und gut verschließen.

MEIN TIPP

Die kandierten Orangenschalen in Sirup sind gut verschlossen und im Kühlschrank gelagert bis zu 1 Monat haltbar.
Die kandierten Orangen können auch gut in das Grundrezept des Erdbeerfruchtaufstrichs eingekocht werden.

Erdbeeren mit Rhabarber

Zutaten für 8–9 Gläser à 225 ml

1 kg Rhabarber
300 g Erdbeeren
1 kg Orangen
1 Vanillestange
500 g Gelierzucker (3 : 1)

Den Rhabarber putzen, waschen und die äußeren Fäden abziehen. Die Rhabarberstangen in etwa 1 cm breite Stücke schneiden und 800 g abwiegen.
Die Erdbeeren verlesen, in ein Sieb geben und mit kaltem Wasser abbrausen. Die Beeren gut abtropfen lassen, erst dann die Kelchblätter entfernen und die Erdbeeren vierteln. 250 g Fruchtfleisch abwiegen.
Die Orangen halbieren und den Saft auspressen. 450 ml abmessen. Die Vanilleschote der Länge nach aufschneiden und das Mark herauskratzen. Den Saft mit den Rhabarberstücken, den Erdbeeren, dem Vanillemark und dem Gelierzucker in einem großen Topf mischen und zugedeckt etwa 30 Minuten ziehen lassen.
Die Fruchtmischung unter Rühren langsam zum Kochen bringen und 6 Minuten sprudelnd kochen lassen. Den Fruchtaufstrich mit dem Stabmixer pürieren und in die vorbereiteten Gläser füllen und gut verschließen.

Grüner Stachelbeer-Mix

Zutaten für 5–6 Gläser à 225 ml

600 g grüne Stachelbeeren
1 Banane
200 g Kiwis
½ Vanilleschote
100 ml Apfelsaft (z. B. van Nahmen)
260 g Gelierzucker (3 : 1)

Die Stachelbeeren in ein Sieb geben, mit kaltem Wasser abbrausen, gut abtropfen lassen. Die Stil- und Blütenansätze entfernen, die Beeren halbieren und vom Fruchtfleisch 500 g abwiegen. Die Banane schälen, in Stücke schneiden und 50 g abwiegen. Ebenso die Kiwis schälen, halbieren, den weißen Strunk in der Mitte herausschneiden, 140 g abwiegen und würfeln. Die Vanilleschote der Länge nach aufschneiden und das Mark herauskratzen.
Das Vanillemark zusammen mit der Obstmischung in einen Topf geben, mit Gelierzucker bestreuen und mit Apfelsaft übergießen. Gut vermischen und abgedeckt 1 Stunde ziehen lassen.
Die Fruchtmasse unter Rühren zum Kochen bringen und 6 Minuten sprudelnd kochen lassen. Den heißen Fruchtaufstrich pürieren und in die vorbereiteten Gläser abfüllen.

Himbeeren mit weißem Pfirsich

Zutaten für 4–5 Gläser à 225 ml

500 g Himbeeren
550 g weiße Pfirsiche
½ Vanilleschote
1 Limette (unbehandelt)
250 g Gelierzucker (3 : 1)
2 EL Pfirsichlikör (z. B. Pêche)

Die Himbeeren verlesen, in ein Sieb geben, kurz mit kaltem Wasser abbrausen, gut abtropfen lassen und mit Küchenpapier vorsichtig trockentupfen. Himbeeren in einer hohen Schüssel mit dem Stabmixer fein pürieren und mit einem Kochlöffel oder Spatel durch ein feines Haarsieb streichen, bis nur noch die kleinen Kerne im Sieb zurückbleiben. Ergibt etwa 250 g Himbeerpüree.

Die weißen Pfirsiche kreuzweise einritzen, kurz in heißes Wasser tauchen, häuten und entsteinen. 450 g Fruchtfleisch abwiegen, in kleine Stücke schneiden. Die Vanilleschote längs aufschneiden und das Mark herauskratzen. Die Limette waschen, trocknen und mit dem Sparschäler ein Stück Limettenschale abziehen.

Die Pfirsichstücke mit dem Himbeerpüree in einen Topf geben, mit dem Gelierzucker, dem Vanillemark und der Limettenschale vermischen.

Die Fruchtmischung unter Rühren langsam zum Kochen bringen und 4 Minuten kochen lassen. Den Pfirsichlikör unterrühren und 2 weitere Minuten kochen.

Die Limettenschale entfernen und den Fruchtaufstrich mit dem Stabmixer fein pürieren. In die vorbereiteten Gläser abfüllen und gut verschließen.

Himbeeren mit Melone

Zutaten für 3–4 Gläser à 225 ml

450 g Himbeeren
1 kleine Cantaloupe-Melone
1 rosa Grapefruit
½ Vanilleschote
230 g Gelierzucker (3 : 1)

Die Himbeeren verlesen, in ein Sieb geben und kurz mit kaltem Wasser abbrausen. Beeren gut abtropfen lassen und mit Küchenpapier trockentupfen. Die Melone halbieren, vierteln, die Kerne entfernen und die Schale abschneiden. Von dem Fruchtfleisch 150 g abwiegen und in kleine Stücke schneiden. Die Grapefruit halbieren, den Saft auspressen und 100 ml abmessen. Die Vanilleschote der Länge nach aufschneiden und das Mark herauskratzen.
Die Himbeeren mit den Melonenstücken, dem Grapefruitsaft, dem Vanillemark und der Vanilleschote in einen Topf geben. Die Fruchtstücke mit dem Gelierzucker vermischen.
Die Fruchtmischung unter Rühren langsam zum Kochen bringen und etwa 6 Minuten kochen lassen. Zwischendurch immer wieder umrühren. Die Vanilleschote aus dem Topf entfernen, mit dem Stabmixer fein pürieren und in die vorbereiteten Gläser abfüllen.

Himbeeren mit Lychee

Zutaten für 5–6 Gläser à 225 ml

600 g Himbeeren
450 g Lychees
280 g Gelierzucker (3 : 1)
1 Limette
1 Blatt Kaffirlimette

Die Himbeeren verlesen, in ein Sieb geben und kurz mit kaltem Wasser abbrausen. Beeren gut abtropfen lassen und mit Küchenpapier trockentupfen. Die Lychees schälen, halbieren, den Kern entfernen und von dem Fruchtfleisch 300 g abwiegen. Die Limette halbieren und den Saft auspressen.
Die Himbeeren mit den Lycheestücken, dem Limettensaft, dem Kaffirlimettenblatt und dem Gelierzucker in einem Topf mischen. Abgedeckt 1 Stunde ziehen lassen.
Die Fruchtmischung unter Rühren zum Kochen bringen und etwa 5 Minuten kochen lassen. Das Kaffirlimettenblatt aus dem Fruchtaufstrich entfernen, mit dem Stabmixer fein pürieren und in die vorbereiteten Gläser abfüllen.

MEIN TIPP

Kaffirlimettenblätter bekommt man gut in Asialäden. Ersatzweise können Sie ein kleines Stück Limettenschale mitkochen und vor dem Abfüllen wieder entfernen.

Himbeeren mit Rhabarber

Zutaten für 6 Gläser à 225 ml

750 g Rhabarber
500 g Himbeeren
1 Vanilleschote
350 g Gelierzucker (3 : 1)
1 EL Kirschwasser
1 Kaffirlimette, wahlweise Limette (unbehandelt)

Die Rhabarberstangen unter fließendem Wasser gut waschen und putzen. Von den geputzten Stangen 560 g abwiegen und in ca. 0,5 cm dicke Scheiben schneiden. Die Himbeeren verlesen, in ein Sieb geben, kurz abbrausen, trockentupfen und mit den Rhabarberstücken in einem Topf mischen.
Die Vanilleschote der Länge nach aufschneiden und das Mark herauskratzen. Die Früchte mit dem Gelierzucker und dem ausgekratzten Vanillemark vermischen. Den Topf abdecken und die Mischung etwa 2 Stunden ziehen lassen.
Die Frucht-Zucker-Mischung unter Rühren langsam zum Kochen bringen und 6 Minuten kochen lassen. Die Fruchtmasse mit dem Stabmixer pürieren. Mit einer feinen Reibe ¼ von der gewaschenen Kaffirlimettenschale abreiben, zusammen mit dem Kirschwasser unterrühren und nochmals aufkochen lassen.
Den fertigen Fruchtaufstrich noch heiß in die vorbereiteten Gläser abfüllen.

Passierte Himbeeren

Zutaten für 6 Gläser à 225 ml

1,4 kg Himbeeren
1 Limette
360 g Gelierzucker (3 : 1)

Die Himbeeren verlesen, in ein Sieb geben und kurz mit kaltem Wasser abbrausen. Die Beeren gut abtropfen lassen und mit Küchenpapier vorsichtig trockentupfen. Die Himbeeren in einer hohen Schüssel mit dem Stabmixer fein pürieren. Die Himbeermasse mit einem Kochlöffel oder Spatel durch ein feines Haarsieb streichen. Nur die passierte Frucht wird verwendet und ergibt eine Menge von etwa 1000 g Himbeerpüree.
Die Limette auspressen und den Saft durch ein feines Sieb zu dem Himbeerpüree gießen.
Die Himbeermischung mit dem Gelierzucker in einen Topf geben und unter Rühren langsam zum Kochen bringen. 5 Minuten kochen lassen und dann in die vorbereiteten Gläser füllen und gut verschließen.
Nach Belieben können Sie diesen Fruchtaufstrich mit 2 EL Amaretto (Mandellikör) oder Himbeergeist verfeinern. In die Fruchtmasse geben und mit aufkochen lassen.

MEIN TIPP

Für dieses Rezept kann man auch sehr gut tiefgefrorene Himbeeren verwenden. Die Beeren sollten Sie noch gefroren abwiegen.

Two in one oder Himbeer auf Pfirsich

Zutaten für 6–7 Gläser à 225 ml

1,3 kg gelbfleischige Pfirsiche
1 Zitrone
½ Vanilleschote
440 g Gelierzucker (3 : 1)
650 g Himbeeren
1 EL Zucker
½ Zimtstange

Die Pfirsiche kreuzweise einritzen und kurz in heißes Wasser tauchen. Die Pfirsiche häuten, entsteinen, 1 kg Fruchtfleisch abwiegen, in kleine Stücke schneiden und in einen Topf geben. Die Zitrone halbieren und den Saft einer Hälfte auspressen. Die Vanilleschote längs aufschneiden und das Mark herauskratzen. Zitronensaft, Vanillemark und -schote sowie 340 g Gelierzucker mit den Pfirsichstücken mischen und zugedeckt 30 Minuten ziehen lassen.

Die Himbeeren verlesen, in ein Sieb geben und kurz mit kaltem Wasser abbrausen. Abtropfen lassen und mit Küchenpapier vorsichtig trockentupfen. Die Himbeeren mit einer Gabel andrücken, mit 1 EL Zucker und 2 EL Wasser in einen Topf geben und langsam aufkochen. Die zweite Zitronenhälfte auspressen und mit der Himbeerzubereitung durch ein Haarsieb gießen (nicht drücken, sonst wird das Gelee trüb) und 250 ml Himbeersaft abmessen. Mit dem restlichen Gelierzucker und der halbierten Zimtstange in einen Topf geben.

Die Pfirsichmischung zum Kochen bringen und 6 Minuten kochen lassen. Die Vanilleschote entfernen, die Pfirsichfruchtmasse pürieren und die vorbereiteten Gläser bis zu Hälfte damit füllen. Nach dem Abfüllen erst das Himbeergelee kochen.

Die Himbeersaftmischung ebenfalls zum Kochen bringen und 5 Minuten kochen lassen. Die Zimtstange aus dem Gelee entfernen. Das Himbeergelee mit Hilfe einer Schöpfkelle und eines Trichters langsam und vorsichtig auf den Pfirsichfruchtaufstrich geben, so dass zwei Schichten entstehen. Die Gläser gut verschließen und nicht bewegen, solange sie nicht erkaltet sind.

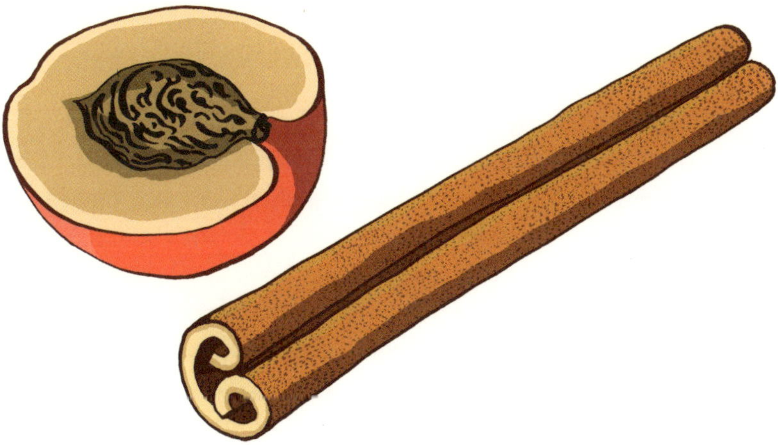

MEIN TIPP

Schmeckt auch sehr fein, wenn Sie statt der Pfirsiche faserfreie Mangos verwenden.

Beerentraum

Zutaten für 6–7 Gläser à 225 ml

500 g Himbeeren, 300 g Brombeeren
300 g rote Johannisbeeren
300 g schwarze Johannisbeeren
1 Vanilleschote
4 EL Zucker, 1 Zitrone (unbehandelt)
400 g Gelierzucker (3 : 1)

Die Beeren verlesen, in ein Sieb geben, kurz mit kaltem Wasser abbrausen und mit Küchenpapier trockentupfen. Die Johannisbeeren mit einer Gabel von den Rispen streifen. Die abgewogenen Beeren in eine Schüssel geben und mit einem Kartoffelstampfer etwas zerdrücken. Den Zucker unter die Beeren mischen und 30 Minuten ziehen lassen.
Die Beerenmischung in der Schüssel mit einem Stabmixer fein pürieren. Die pürierte Masse mit einem Kochlöffel oder Spatel durch ein feines Haarsieb streichen, bis nur noch die kleinen Kerne im Sieb zurückbleiben.
Die Vanilleschote der Länge nach aufschneiden und das Mark herauskratzen. Die Zitrone heiß waschen und trockenreiben. Mit dem Zestenreißer etwa ½ TL der Schale abziehen, dann die Zitrone halbieren und auspressen.
Das Beerenpüree mit dem Zitronensaft, den Zestenstücken, dem Vanillemark und dem Gelierzucker in einem Topf mischen. Unter Rühren langsam zum Kochen bringen und 5 Minuten kochen lassen. In vorbereitete Gläser füllen und gut verschließen.

MEIN TIPP

Wenn die kleinen Kerne nicht stören, können Sie auf das Durchpassieren verzichten. Dann muss allerdings der Gelierzuckeranteil auf 460 g erhöht werden.

Gelee von weißen Johannisbeeren mit Riesling

Zutaten für 5–6 Gläser à 225 ml

1 kg weiße Johannisbeeren
2 EL Rohrzucker
½ Zitrone (unbehandelt)
200 ml Apfelsaft (z. B. van Nahmen)
200 ml Riesling Spätlese
300 g Gelierzucker (3 : 1), ½ Zimtstange

Die Johannisbeeren verlesen, in ein Sieb geben und kurz mit kaltem Wasser abbrausen. Die Beeren gut abtropfen lassen und mit einer Gabel von den Rispen streifen.
Die Johannisbeeren in einem Topf mit einer Gabel oder dem Kartoffelstampfer etwas zerdrücken. Mit dem Rohrzucker mischen und zugedeckt 1 Stunde ziehen lassen.
Die Zitrone heiß waschen, trockenreiben, in dicke Scheiben schneiden und beiseitestellen.
Die Johannisbeeren unter Rühren langsam zum Kochen bringen, 5 Minuten kochen lassen, durch ein Haarsieb gießen und 600 ml Johannisbeersaft abmessen.
Den Johannisbeersaft mit den Zitronenscheiben, dem Apfelsaft, dem Weißwein, dem Gelierzucker und der halbierten Zimtstange unter Rühren zum Kochen bringen und 4 Minuten sprudelnd kochen lassen.
Die Zitronenscheiben und den Zimt entfernen und das Johannisbeergelee in die vorbereiteten Gläser füllen und gut verschließen.

MEIN TIPP

Sollten Sie keine Riesling Spätlese bekommen, können Sie auch einen anderen lieblichen oder halbtrockenen Weißwein für das Gelee verwenden.

Gelee von schwarzen Johannisbeeren mit Birnen

Zutaten für 6–7 Gläser à 225 ml

1 kg schwarze Johannisbeeren
2 EL Zucker, 1 Zitrone (unbehandelt)
200 ml Holunderbeerensaft (ungesüßt)
50 ml Birnensaft (z. B. van Nahmen)
5 EL roten Portwein, 1 Zimtstange
2 Birnen (z. B. Forellen- oder Williams-Birnen)
½ Vanilleschote
340 g Gelierzucker (3 : 1)

Die Johannisbeeren verlesen, in ein Sieb geben und mit kaltem Wasser abbrausen. Die Beeren gut abtropfen lassen und mit einer Gabel von den Rispen streifen. Die Johannisbeeren in einem Topf mit einer Gabel oder dem Kartoffelstampfer etwas zerdrücken. Mit dem Zucker mischen und zugedeckt 1 Stunde ziehen lassen. Die Zitrone heiß waschen, trockenreiben und in dicke Scheiben schneiden. Die Johannisbeeren unter Rühren langsam zum Kochen bringen, 5 Minuten kochen lassen und durch ein Haarsieb gießen. 600 ml Johannisbeersaft abmessen.
Den Johannisbeersaft mit den Zitronenscheiben, dem Holunderbeerensaft, dem Birnensaft, dem Portwein und der Zimtstange zum Kochen bringen und 3 Minuten sprudelnd kochen lassen. Die Vanilleschote der Länge nach aufschneiden und das Mark herauskratzen.
Die Birne vierteln, schälen, entkernen und 200 g Fruchtfleisch abwiegen. Das Birnenfruchtfleisch in kleine Würfel schneiden.
Den Johannisbeersaft durch ein Sieb in einen weiteren Topf gießen, die Birnenstücke, das Vanillemark und den Gelierzucker hinzufügen, zum Kochen bringen und 6–8 Minuten kochen lassen. Das Gelee in vorbereitete Gläser füllen und gut verschließen.

Gewürztes Gelee von roten Johannisbeeren

Zutaten für 6–7 Gläser à 225 ml

1,4 kg rote Johannisbeeren
4 EL brauner Zucker
1 Zitrone (unbehandelt)
1 Zimtstange, 3 Nelken
2 Pimentkörner, 2 TL rosa Pfefferbeeren
320 g Gelierzucker (3 : 1), 3 Orangen
100 ml Crème de Cassis (schwarzer Johannisbeerlikör)

Die Johannisbeeren verlesen, in ein Sieb geben und kurz mit kaltem Wasser abbrausen. Die Beeren gut abtropfen lassen und mit einer Gabel von den Rispen streifen. Die Johannisbeeren in einem Topf mit einer Gabel oder dem Kartoffelstampfer etwas zerdrücken. Den braunen Zucker über die Beeren streuen und zugedeckt 1 Stunde ziehen lassen.
Die Zitrone heiß waschen, trockenreiben und mit dem Sparschäler einen Streifen der Schale abziehen. Die Johannisbeeren mit dem Stück Zitronenschale unter Rühren langsam zum Kochen bringen, 5 Minuten kochen lassen und durch ein Haarsieb gießen. Von dem Saft 700 ml abmessen.
Die Zimtstange, die Nelken, die Pimentkörner und die Pfefferbeeren in einen Einmalteefilter geben und diesen mit Küchengarn zubinden. Die Orangen halbieren, auspressen und 240 ml Saft abmessen.
Den Johannisbeersaft mit dem Gelierzucker, dem Orangensaft und dem Crème de Cassis mischen. Das Gewürzsäckchen einlegen, zum Kochen bringen und 5 Minuten sprudelnd kochen lassen.
Das Gewürzsäckchen entfernen und das Gelee in vorbereitete Gläser füllen und gut verschließen.

Heidelbeeren mit Kokosmark

Zutaten für 4–5 Gläser à 225 ml

600 g Heidelbeeren
2 Orangen
1 Stange Zitronengras
240 g Gelierzucker (3 : 1)
50 g Kokosmilch

Die Heidelbeeren verlesen, in ein Sieb geben, mit kaltem Wasser kurz abbrausen, gut abtropfen lassen und in einen Topf geben. Die Orangen mit einem scharfen Messer so schälen, dass auch die weiße Haut vollständig entfernt ist. Die Orangenfilets aus den Trennhäuten lösen und 80 g von den Filets abwiegen.
Von der Zitronengrasstange die äußeren Blätter entfernen. Das untere dickere Ende auf einer Arbeitsfläche flachklopfen und der Länge nach halbieren. Die Zironengrashälften mit den Orangenfilets, dem Gelierzucker und den Heidelbeeren mischen.
Die Fruchtmischung unter Rühren zum Kochen bringen und 5 Minuten sprudelnd kochen lassen. Das Zitronengras entfernen und den Fruchtaufstrich pürieren. Die Kokosmilch unterrühren und nochmals kurz aufkochen lassen. Den Fruchtaufstrich in die vorbereiteten Gläser füllen und gut verschließen.

MEIN TIPP

Vor dem Öffnen der Kokosmilch die Verpackung gut schütteln, damit sich Mark und Saft miteinander verbinden.

Heidelbeeren mit Orangenlikör

Zutaten für 5–6 Gläser à 225 ml

800 g Heidelbeeren
2 Orangen
320 g Gelierzucker (3 : 1)
3 EL Orangenlikör (z. B. Grand Marnier)

Die Heidelbeeren verlesen, in ein Sieb geben und mit kaltem Wasser kurz abbrausen. Die Beeren gut abtropfen lassen und in einen Topf geben. Eine Orange waschen und trockenreiben. Mit einem Zestenreißer die Hälfte der Schale abziehen. Die Orangen halbieren, auspressen und 200 ml Saft abmessen. Den Saft zusammen mit den Orangenzesten in einen kleinen Topf geben und kurz aufkochen lassen. Den heißen Orangensaft mit den Beeren und dem Gelierzucker vermischen.
Die Fruchtmischung zum Kochen bringen und 4 Minuten sprudelnd kochen lassen. Den Orangenlikör unterrühren und für weitere 2 Minuten kochen.
Den Fruchtaufstrich mit dem Stabmixer pürieren und in die vorbereiteten Gläser füllen und gut verschließen.

MEIN TIPP

Heidelbeeren sind Beeren, die sich gut einfrieren lassen, ich habe immer welche im Tiefkühlfach. So lässt sich dieses Rezept auch wunderbar im Winter zubereiten.

Brombeeren kalt gerührt mit Mandeln

Zutaten für 5–6 Gläser à 225 ml

½ Vanillestange
900 g Brombeeren
5 Nelken, ½ Zimtstange
300 g Gelierzucker (3 : 1), ½ TL Honig (mild)
50 g Mandelblättchen, 40 g brauner Zucker

Die Vanilleschote der Länge nach aufschneiden und das Mark herauskratzen.
Die Brombeeren verlesen, in ein Sieb geben und kurz mit kaltem Wasser abbrausen. Die Beeren gut abtropfen lassen und mit einem Küchentuch vorsichtig trockentupfen. Die Brombeeren in einer Schüssel mit einer Gabel oder dem Kartoffelstampfer etwas zerdrücken.
Nelken und die halbierte Zimtstange in einen Einmalteefilter geben, mit Küchengarn zubinden und zu den zerdrückten Beeren in die Schüssel legen. Den Gelierzucker mit dem Vanillemark untermischen und 2 Stunden abgedeckt ziehen lassen.
Das Gewürzsäckchen entfernen. Die Brombeermasse und den Honig mit dem Handrührgerät oder in der Küchenmaschine 15–20 Minuten verrühren, bis eine cremige Masse entstanden ist. Falls die Masse zu flüssig ist, etwa 1 schwach gehäuften TL Apfelpektin (aus dem Reformhaus) dazugeben.
Die Mandelblättchen in einer beschichteten Pfanne ohne Fett bei mittlerer Hitze hellbraun anrösten. Den braunen Zucker darüberstreuen und unter Rühren goldgelb karamellisieren. Danach die Mandeln unter den Fruchtaufstrich rühren und in die vorbereiteten Gläser füllen.
Mit dem Deckel verschließen und bis zum Verzehr 6–8 Stunden im Kühlschrank ruhen lassen.

Brombeeren mit mariniertem Apfel

Zutaten für 6–7 Gläser à 225 ml

800 g Brombeeren
2 Äpfel (z. B. Topaz)
½ Vanilleschote, 1 Zitrone
½ Zimtstange, 2 Pimentkörner
150 ml Cidre (lieblich)
380 g Gelierzucker (3 : 1)

Die Vanilleschote der Länge nach aufschneiden und das Mark herauskratzen. Die Zitrone halbieren und eine Hälfte auspressen. Die Äpfel schälen, vierteln, das Kerngehäuse entfernen und 200 g Fruchtfleisch abwiegen. Die Apfelstücke in kleine gleichmäßige Würfel schneiden, mit dem Zitronensaft und dem ausgekratzten Mark der Vanille mischen.

Die Zimtstange und die Pimentkörner in einen Einmalteefilter geben, mit Küchengarn zubinden und das Säckchen zu den Apfelstücken legen und alles mit Cidre übergießen. Abgedeckt 1 Stunde ziehen lassen.

Die Brombeeren verlesen, in ein Sieb geben und mit kaltem Wasser kurz abbrausen. Die Beeren gut abtropfen lassen und in einen Topf geben, mit dem Stabmixer fein pürieren.

Erst jetzt den Gelierzucker unterrühren.

Die Brombeermischung mit den marinierten Apfelstücken, dem Cidre und dem Gewürzsäckchen unter Rühren zum Kochen bringen und 5 Minuten kochen lassen.

Das Gewürzsäckchen entfernen, die Masse in die vorbereiteten Gläser füllen und gut verschließen.

MEIN TIPP

Wenn Sie keine Kerne im Fruchtaufstrich möchten, streichen Sie die Masse durch ein Sieb oder die Flotte Lotte. Als Ersatz für Cidre kann auch naturtrüber Apfelsaft verwendet werden.

Beeren-Bowle

Zutaten für 5–6 Gläser à 225 ml

250 g Erdbeeren
250 g Heidelbeeren
250 g Himbeeren
2 Orangen, 1 Limette
1 Stange Zitronengras
380 g Gelierzucker (3 : 1)
200 ml Sekt

Alle Beeren verlesen, waschen und trockentupfen. Von den Erdbeeren das Grün abschneiden, je nach Größe halbieren oder vierteln und in einen großen Topf geben. Die Orangen halbieren, auspressen und 200 ml Saft abmessen. Die Limette waschen, trocknen, mit dem Sparschäler ein Stück Zeste abziehen. Dann halbieren, auspressen und 50 ml Limettensaft abmessen.
Von der Zitronengrasstange die äußeren Blätter entfernen. Das untere dickere Ende auf der Arbeitsfläche flachklopfen und halbieren.
Gelierzucker, Zitronengras, Orangensaft, Limettensaft und -zeste zu den Beeren geben und gut vermischen. Zugedeckt ca. 2 Stunden ziehen lassen.
Die Fruchtmasse mit dem Sekt aufgießen, unter Rühren zum Kochen bringen und 6 Minuten sprudelnd kochen lassen. Zitronengras und Zestenstück entfernen und den fertigen Fruchtaufstrich mit dem Stabmixer pürieren.
In die Gläser füllen und gut verschließen.

Schwarzkirschen mit frischer Minze

Zutaten für 4 Gläser à 225 ml

1,2 kg Schwarzkirschen
2–3 Limetten
290 g Gelierzucker (3 : 1)
3 EL Holunderblütensirup
5 Minzblätter (mittlere Größe)

Die Kirschen waschen, entstielen, entsteinen und halbieren. 1000 g Fruchtfleisch abwiegen und in einen großen Topf geben. Die Limetten halbieren, auspressen und 100 ml Saft abmessen. Den Gelierzucker, den Holunderblütensirup und den Limettensaft zu den Kirschen geben und gut vermischen. Zugedeckt etwa 2 Stunden ziehen lassen.
Die Fruchtmasse unter Rühren zum Kochen bringen und 4 Minuten sprudelnd kochen lassen. In der Zwischenzeit die Minzblätter zupfen, waschen und in grobe Stücke schneiden. In den Topf geben und 2 weitere Minuten kochen lassen.
Die heiße Fruchtmasse pürieren und in die Gläser abfüllen.

MEIN TIPP

Noch frischer im Geschmack wird diese Variante, wenn man zusammen mit den Minzblättern noch 2–3 Messerspitzen frisch geriebene Limettenschale mitkocht.

Marillen oder Aprikosen

Zutaten für 8–9 Gläser à 225 ml

1,6 kg Aprikosen
2–3 Orangen
½ Vanilleschote
500 g Gelierzucker (3 : 1)

Die Aprikosen kreuzweise einritzen. Kurz in kochendes Wasser tauchen und häuten. Die Früchte halbieren, die Steine entfernen, 1400 g Fruchtfleisch abwiegen und in kleine Stücke schneiden.
Die Orangen halbieren und den Saft auspressen. 100 ml Orangensaft abmessen.
Die Vanilleschote der Länge nach aufschneiden und das Mark herauskratzen.
Den Gelierzucker mit den Aprikosenstücken, dem Orangensaft, dem Vanillemark und der -schote in einem großen Topf mischen und zugedeckt 1 Stunde ziehen lassen.
Die Aprikosenmischung unter Rühren langsam zum Kochen bringen und 5 Minuten kochen lassen. Die Vanilleschote entfernen und den fertigen Aufstrich fein pürieren. Noch heiß in die vorbereiteten Gläser füllen und gut verschließen.

MEIN TIPP

Es gibt noch eine andere beliebte Variante von mir für das Grundrezept. Anstelle des Orangensafts verwende ich 50 g Aprikosen zusätzlich und den Saft einer ½ Zitrone und einen ½ Stengel Zitronengras.

Aprikosen mit gelbem Pfirsich

Zutaten für 4–5 Gläser à 225 ml

500 g Aprikosen
500 g gelbfleischige Pfirsiche
½ Vanilleschote
260 g Gelierzucker (3 : 1)
1 kleine Orange (unbehandelt)

Die Aprikosen und Pfirsiche kreuzweise einritzen, kurz in kochendes Wasser tauchen und häuten. Die Früchte halbieren, die Steine entfernen, jeweils 400 g Fruchtfleisch abwiegen und in kleine Stücke schneiden.
Die Vanilleschote der Länge nach aufschneiden und das Mark herauskratzen. Die Früchte mit dem Gelierzucker, der Vanilleschote und dem -mark in einem Topf mischen und zugedeckt für ca. 1 Stunde ziehen lassen.
Die Orange waschen und abtrocknen. Mit einer Reibe etwa die Hälfte von der Orangenschale sehr fein über die Aprikosen-Pfirsich-Mischung reiben. Unter Rühren langsam zum Kochen bringen und 6 Minuten kochen lassen. Die Vanilleschote entfernen und den fertigen Aufstrich pürieren. Noch heiß in die vorbereiteten Gläser füllen und gut verschließen.

MEIN TIPP

Eine besonders aromatische Note bekommt dieser Fruchtaufstrich durch die Zugabe von 1–2 EL Javazucker. Dieser wird aus dem süßen Nektar der Kokosblüten gewonnen und gibt eine leichte Karamellnote.

Aprikosen mit weißer Schokolade

Zutaten für 5 Gläser à 225 ml

900 g Aprikosen
2 Orangen
½ Vanilleschote
40 g weiße Schokolade (z. B. Valrhona)
280 g Gelierzucker (3 : 1)
1 EL Orangenlikör (z. B. Grand Marnier)

Die Aprikosen kreuzweise einritzen. Kurz in kochendes Wasser tauchen und häuten.
Die Früchte halbieren, die Steine entfernen, 750 g Fruchtfleisch abwiegen und in kleine Würfel schneiden.
Die Orangen halbieren, den Saft auspressen und 100 ml Saft abmessen.
Die Vanilleschote der Länge nach aufschneiden und das Mark herauskratzen.
Die Schokolade in kleine Stücke hacken.
Den Gelierzucker mit den Aprikosenwürfeln, dem Orangensaft und dem Vanillemark mischen und unter Rühren langsam aufkochen und 5 Minuten kochen lassen. Den heißen Fruchtaufstrich fein pürieren und die Schokoladenstückchen in der heißen Masse schmelzen lassen. Den Grand Marnier unterrühren und das Ganze in die vorbereiteten Gläser füllen und gut verschließen. Hält sich kühl gelagert etwa 6 Monate.

Aprikose à la Frutique

Zutaten für 5–6 Gläser à 225 ml

800 g Aprikosen (z. B. Bergeron)
1 Orange
½ Vanilleschote
330 g Gelierzucker (3 : 1)
350 g Bananen
Mulltuch, Küchengarn

Die Aprikosen kreuzweise einritzen und kurz in kochendes Wasser tauchen. Die Früchte häuten, halbieren und entsteinen. Die Steine auf einem Mulltuch beiseitelegen. 700 g Fruchtfleisch abwiegen und in kleine Stücke schneiden.
Das Mulltuch wie ein Säckchen mit Küchengarn zubinden und die Aprikosensteine mit einem Nudelholz leicht zerschlagen.
Orange halbieren und den Saft einer Hälfte auspressen. Vanilleschote der Länge nach aufschneiden und das Mark herauskratzen.
Die Aprikosenstücke mit dem Gelierzucker, dem Orangensaft und dem Mark der Vanilleschote in einem Topf mischen.
Die Bananen schälen, davon 250 g Fruchtfleisch abwiegen, in ½ cm dicke Scheiben schneiden und zu der Aprikosenmischung geben.
Das Mullsäckchen mit den Steinen in die Mitte geben und in dem abgedeckten Topf 2 Stunden ziehen lassen.
Die Mischung unter Rühren langsam zum Kochen bringen und 6 Minuten kochen. Das Mullsäckchen entfernen, den Fruchtaufstrich pürieren und noch heiß in die vorbereiteten Gläser füllen.

MEIN TIPP

Am besten eignen sich für dieses Rezept reife Bananen ohne braune Flecken. Ich verfeinere die Marmelade auch gern mit einem Schuss Rum und gerösteten Mandelblättchen.

Kiwi auf Aprikose

Zutaten für 5–6 Gläser à 225 ml

650 g Aprikosen
½ Vanilleschote
1 Orange (unbehandelt)
160 g Gelierzucker (3 : 1)
1 Limette, 500 g Kiwis
120 g Gelierzucker (3 : 1)
6 Tropfen Bittermandelöl

Die Aprikosen kreuzweise einritzen und kurz in kochendes Wasser tauchen. Die Aprikosen häuten, halbieren und entsteinen, von dem Fruchtfleisch 500 g abwiegen und in kleine Stücke schneiden. Vanilleschote der Länge nach aufschneiden und das Mark herauskratzen. Mit dem Sparschäler ein Stück Schale von der Orange abziehen.

Die Aprikosenstücke in einen Topf geben, mit dem Gelierzucker, der Orangenschale und dem Mark der Vanilleschote mischen.

Die Mischung unter Rühren langsam zum Kochen bringen und 5 Minuten kochen. Die Vanilleschote entfernen, den Fruchtaufstrich grob pürieren und die vorbereiteten Gläser bis zur Hälfte füllen.

Limette halbieren und den Saft einer Hälfte auspressen. Die Kiwis schälen und der Länge nach vierteln. Den harten Mittelstrunk entfernen und 350 g Fruchtfleisch abwiegen. Das Fruchtfleisch in Stücke schneiden, in einen Topf geben, mit dem Limettensaft übergießen, den Gelierzucker unterrühren und 4 Minuten sprudelnd kochen lassen. Mit dem Stabmixer pürieren und das Bittermandelöl unterrühren.

Den Kiwifruchtaufstrich mithilfe einer Schöpfkelle und eines Trichters langsam und vorsichtig in die Mitte auf den Aprikosenaufstrich füllen, so dass sich zwei Schichten ergeben. Die Gläser gut verschließen.

Kiwi mit Waldmeister

Zutaten für 3–4 Gläser à 225 ml

1½–2 Stengel Waldmeister
200 ml Apfelsaft (z. B. van Nahmen)
550 g Kiwis
½ Zitrone
50 g Apfel (z. B.Topaz)
200 g Gelierzucker (3 : 1)

Das Waldmeisterkraut abschneiden und etwa 6 Stunden welken lassen. Den Apfelsaft abmessen und den Waldmeister darin 30 Minuten ziehen lassen.
Die Kiwis schälen, der Länge nach halbieren, den harten Mittelstrunk entfernen, 450 g Fruchtfleisch abwiegen und in Stücke schneiden. Ebenso den Apfel schälen und vierteln, 50 g Fruchtfleisch abwiegen und in Stücke schneiden. Die Zitrone halbieren und von einer Hälfte den Saft auspressen. Die Kiwi- und Apfelstücke in einen Topf geben, mit Apfel- und Zitronensaft übergießen und den Gelierzucker unterrühren.
Die Fruchtmischung unter Rühren zum Kochen bringen. Nach etwa 2 Minuten den Waldmeister entfernen und weitere 5 Minuten kochen lassen. Den Fruchtaufstrich mit dem Stabmixer fein pürieren. In die vorbereiteten Gläser füllen und gut verschließen.

MEIN TIPP

Der Waldmeister entfaltet sein typisches Aroma erst dann, wenn die Blätter zu welken beginnen.

Kaltgerührte Kiwi mit Banane

Zutaten für 2–3 Gläser à 225 ml

½ Orange
260 g Bananen
230 g Kiwis
120 g Gelierzucker (3 : 1)
1 TL brauner oder weißer Rum
1 EL frische Kokosraspel

Die Orange halbieren und eine Hälfte auspressen. Die Bananen schälen, 170 g Fruchtfleisch abwiegen und in kleine Stücke schneiden. Die Bananenstücke in eine Schüssel geben und mit dem Orangensaft mischen.
Die Kiwis schälen und der Länge nach vierteln. Den harten Mittelstrunk entfernen und 200 g Fruchtfleisch abwiegen. Das Kiwifruchtfleisch ebenfalls in kleine Stücke schneiden und mit dem Gelierzucker zu den Bananen geben. Alles mit dem Kartoffelstampfer zerdrücken.
Die Früchtemischung mit dem Handrührgerät oder in der Küchenmaschine etwa 15 Minuten verrühren, bis eine cremige Masse entstanden ist.
Den Rum und die Kokosraspel unter den Fruchtaufstrich rühren, in vorbereitete Gläser füllen und gut verschließen. Im Kühlschrank 6 Stunden ruhen lassen. Bei gekühlter Aufbewahrung hat dieses Rezept eine Haltbarkeit von höchstens 8 Tagen.

MEIN TIPP

Das ist ein Brotaufstrich, den Kinder auch gern mögen, dann bei der Zubereitung den Rum weglassen.

Grundrezept Banane

Zutaten für 8–9 Gläser à 225 ml

1,5 kg Bananen
5–6 Orangen
500 g Gelierzucker (3 : 1)

Die Bananen schälen, 1 kg Fruchtfleisch abwiegen und in ½ cm dicke Scheiben schneiden. Die Orangen halbieren, auspressen und 500 ml Saft abmessen.
Die Bananenscheiben mit dem Orangensaft und dem Gelierzucker in einem Topf mischen und zugedeckt etwa 1 Stunde ziehen lassen.
Die Früchtemischung unter Rühren langsam zum Kochen bringen und etwa 5 Minuten kochen. Den Fruchtaufstrich pürieren, in vorbereitete Gläser füllen und gut verschließen.

MEIN TIPP

Ich gebe meist unter diese Grundrezeptur noch 1 EL dunklen Rum und das Mark einer ½ Vanilleschote.
Eine sehr feine Variante entsteht, wenn Sie noch 50 g weiße Schokolade unterrühren.

Banane mit Mango

Zutaten für 7–8 Gläser à 225 ml

1 kg Bananen
3 Orangen
1 Msp. Ginger Nut (eingelegter Ingwer)
380 g Gelierzucker (3 : 1)
360 g Mango (faserfrei)

Die Bananen schälen, 600 g Fruchtfleisch abwiegen und in ½ cm dicke Scheiben schneiden. Die Orangen halbieren, auspressen und 250 ml Saft abmessen.
Die Ginger Nut ganz klein schneiden. Zusammen mit den Bananenscheiben, dem Orangensaft und dem Gelierzucker in einem Topf mischen.
Das Fruchtfleisch der Mango in breiten Streifen vom Stein schneiden und die Schale entfernen. 360 g Mango abwiegen, in kleine Stücke schneiden und mit der Bananenmischung verrühren.
Die Früchtemischung unter Rühren langsam zum Kochen bringen und etwa 5 Minuten kochen. Den Fruchtaufstrich mit dem Stabmixer fein pürieren, in die vorbereiteten Gläser füllen und gut verschließen.

MEIN TIPP

Am besten sind reife Bananen ohne braune Flecken. Überreife Früchte geben einen muffigen Geschmack, unreife schmecken seifig und führen zu einer festen Konsistenz.

Banane mit weißem Pfirsich

Zutaten für 8–9 Gläser à 225 ml

750 g weiße Pfirsiche
400 g Bananen
½ Orange
½ Vanilleschote
500 g Gelierzucker (3 : 1)

Die Pfirsiche kreuzweise einritzen und kurz in kochendes Wasser tauchen. Die Früchte häuten, halbieren und entsteinen. 600 g Fruchtfleisch abwiegen und in kleine Stücke schneiden.
Die Bananen schälen, in ½ cm dicke Scheiben schneiden und 250 g Fruchtfleisch abwiegen. Die Orange halbieren und den Saft auspressen. Die Vanilleschote der Länge nach halbieren und das Mark herauskratzen.
Die Pfirsichstücke mit den Bananenscheiben, dem Orangensaft und dem Gelierzucker in einem Topf mischen und zugedeckt etwa 1 Stunde ziehen lassen.
Die Früchtemischung unter Rühren langsam zum Kochen bringen und etwa 5 Minuten kochen. Den Fruchtaufstrich pürieren, in vorbereitete Gläser füllen und gut verschließen.

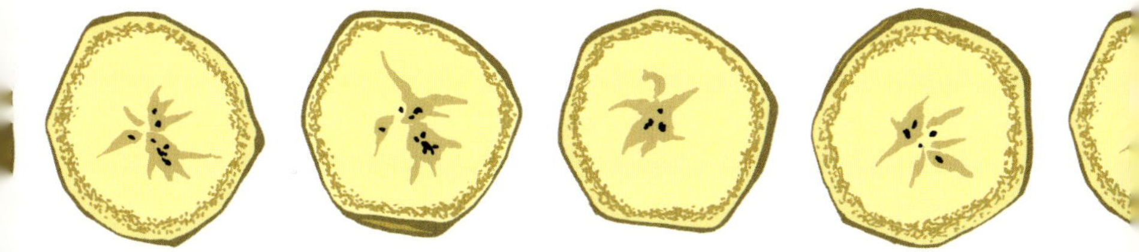

Nektarine mit Espressoaroma

Zutaten für 3–4 Gläser à 225 ml

800 g gelbe Nektarinen
2 Orangen
16 g Espressobohnen
230 g Gelierzucker (3 : 1)

Die Nektarinen kreuzweise einritzen. Kurz in kochendes Wasser tauchen und häuten. Die Früchte halbieren, die Steine entfernen, 560 g Fruchtfleisch abwiegen und in kleine Stücke schneiden. Die Orangen mit einem Messer so großzügig schälen, dass auch die weiße Haut vollständig entfernt ist. Die Orangenfilets aus den Trennhäuten lösen, in Stücke schneiden und 120 g abwiegen.

Die Espressobohnen auf einem Brett mit einem Nudelholz andrücken. In einen Einmalteefilter füllen und mit Küchengarn zubinden. Die Nektarinen mit den Orangenstücken und dem Gelierzucker in einem Topf mischen. Den Einmalteefilter mit den Espressobohnen einlegen.

Die Fruchtmischung unter Rühren langsam zum Kochen bringen und nach 6 Minuten das Espressosäckchen entfernen. Die heiße Masse mit dem Stabmixer pürieren, dann in die vorbereiteten Gläser füllen und gut verschließen.

MEIN TIPP

Das Rezept des Nektarinenfruchtaufstrichs trägt ein dezentes aromatisches Geheimnis in sich, denn trotz der Espressobohnen bleibt die Farbe goldgelb.

Ich verfeinere den Aufstrich gern noch mit 2 EL Mandellikör (z. B. Amaretto) und einer Prise Kardamom. Beide Zutaten koche ich dann von Beginn an mit.

Nektarine mit Mangobalsamessig

Zutaten für 4–5 Gläser à 225 ml

900 g gelbe Nektarinen
1 Orange
½ Vanilleschote
240 g Gelierzucker (3 : 1)
50 ml Mangobalsamessig

Die Nektarinen kreuzweise einritzen, kurz in kochendes Wasser tauchen und häuten. Die Früchte halbieren, die Steine entfernen, 700 g Fruchtfleisch abwiegen und in kleine Stücke schneiden. Orange halbieren, den Saft auspressen und 50 ml abmessen. Die Vanilleschote der Länge nach aufschneiden und das Mark herauskratzen.
Die Früchte mit Orangensaft, Gelierzucker, Vanillemark und Vanilleschote in einem Topf mischen und zugedeckt etwa 1 Stunde ziehen lassen.
Die Fruchtmischung unter Rühren langsam zum Kochen bringen und nach 5 Minuten die Vanilleschote entfernen und die heiße Masse mit dem Stabmixer pürieren. Den Mangobalsamessig einrühren und weitere 2 Minuten kochen lassen.
Den fertigen Fruchtaufstrich in die vorbereiteten Gläser füllen und gut verschließen.

MEIN TIPP

Mangobalsamessig bekommt man in speziellen Feinkostgeschäften.
Nektarinen müssen nicht unbedingt enthäutet werden, ich mache es jedoch meistens, da ich den Geschmack als feiner empfinde.

Weiße Pfirsiche mit Birnen

Zutaten für 8–9 Gläser à 225 ml

1 Zitrone
700 g Birnen (z. B. Williams Christ)
½ Vanilleschote
470 g Gelierzucker (3 : 1)
1 kg weiße Pfirsiche
2–3 EL Grand Marnier

Am Vortag die Zitrone halbieren und den Saft einer Hälfte auspressen. Die Birnen vierteln, schälen und die Kerngehäuse entfernen. 550 g Fruchtfleisch abwiegen, in grobe Stücke schneiden und mit dem Zitronensaft mischen.
Die Vanilleschote der Länge nach aufschneiden und das Mark herauskratzen. Das Vanillemark und den Gelierzucker unter das Birnenfruchtfleisch mischen. Abgedeckt im Kühlschrank über Nacht ziehen lassen.
Am nächsten Tag die Pfirsiche kreuzweise einritzen und kurz in kochendes Wasser tauchen. Die Pfirsiche häuten, die Früchte halbieren, die Steine entfernen und das Fruchtfleisch in kleine Stücke schneiden. 880 g Fruchtfleisch abwiegen.
Das marinierte Birnenfruchtfleisch mit den Pfirsichen in einem Topf unter Rühren langsam zum Kochen bringen und 6 Minuten kochen lassen. Den Fruchtaufstrich mit dem Stabmixer pürieren und den Grand Marnier unterrühren. In die vorbereiteten Gläser füllen und gut verschließen.

MEIN TIPP

Den Grand Marnier können Sie auch durch einen Birnengeist ersetzen.

Birnen mit Preiselbeeren

Zutaten für 5–6 Gläser à 225 ml

800 g Birnen (z. B. Santa Maria)
½ Zitrone
3 EL brauner Zucker
300 g Preiselbeeren
350 g Gelierzucker (3 : 1)
1 Prise Nelken
1 Prise Zimt
1 Anisstern

Die Birnen vierteln, schälen und die Kerngehäuse entfernen. 750 g Birnenfruchtfleisch abwiegen, mit einer Gemüsereibe grob reiben und in eine Schüssel geben. Die halbe Zitrone auspressen und den Saft mit den Birnenstücken vermischen.
Die Preiselbeeren verlesen, in ein Sieb geben und kurz mit kaltem Wasser abbrausen. Die Beeren gut abtropfen lassen und mit Küchenpapier trockentupfen. Die Preiselbeeren mit dem Birnenfruchtfleisch und dem Gelierzucker in einem großen Topf mischen und zugedeckt ca. 1 Stunde ziehen lassen.
Die Anissternhälfte in die Früchtemischung geben, unter Rühren langsam zum Kochen bringen und 5 Minuten kochen lassen. Anisstern aus dem Fruchtaufstrich entfernen und mit Nelken und Zimt abschmecken. In die vorbereiteten Gläser füllen und gut verschließen.

MEIN TIPP

Anstelle der Preiselbeeren können Sie auch Cranberries oder Johannisbeeren verwenden. Die Variante mit den Cranberries ist für alle geeignet, die es gern etwas herber im Geschmack mögen.

Getrocknete Feigen mit Birne

Zutaten für 10–12 Gläser à 225 ml

6–7 Orangen
420 g getrocknete Softfeigen
2,2 kg reife Birnen (z. B. Forelle, Kaiser Wilhelm)
4 EL Birnengeist, 800 g Gelierzucker (3 : 1)
½ Vanilleschote
2 EL brauner Zucker, 1 Prise Zimt

Die Orangen halbieren, auspressen und 450 ml Saft abmessen. Die Feigen in Würfel schneiden, in eine Schüssel geben und mit dem Orangensaft begießen. Die Birnen vierteln, schälen, entkernen und in kleine Stücke schneiden. 1650 g Birnenfruchtfleisch abwiegen und mit dem Birnengeist und den Feigenstücken mischen.

Die Vanilleschote der Länge nach aufschneiden und das Mark herauskratzen. Das Vanillemark und die -schote mit dem Gelierzucker unter die Feigen und Birnen mischen. Zugedeckt etwa 1 Stunde ziehen lassen.

Den braunen Zucker in einem großen Topf bei kleiner Hitze schmelzen lassen. Die marinierten Früchte dazugeben und unter Rühren langsam zum Kochen bringen. 6–8 Minuten kochen lassen.

Die Vanilleschote entfernen, die heiße Masse mit einer Prise Zimt würzen und mit dem Stabmixer pürieren. Den fertigen Fruchtaufstrich in die vorbereiteten Gläser füllen und sofort verschließen.

MEIN TIPP

Dieser Fruchtaufstrich ist ein willkommenes Gastgeschenk, davon koche ich immer ein paar Gläser mehr auf Vorrat ein.

Den Orangensaft kann man auch ersetzen durch Birnensaft und den Birnenschnaps durch roten Portwein.

Williamsbirne mit Passionsfrucht

Zutaten für 3–4 Gläser à 225 ml

650 g Birnen (z. B. Williams Christ)
½ Zitrone
2–3 Passionsfrüchte
4 g Ginger Nut
1 TL Ginger-Nut-Sirup
180 g Gelierzucker (3 : 1)

Die Birnen vierteln, schälen und die Kerngehäuse entfernen. 500 g Fruchtfleisch abwiegen, in kleine Stücke schneiden, mit dem Saft der halbierten Zitrone beträufeln und in einen Topf geben. Die Passionsfrüchte halbieren, durch ein feines Sieb streichen und den Saft auffangen. Von dem Saft 50 ml abmessen und zu den Birnenstücken geben. Das Stück Ginger Nut sehr klein schneiden.
Die Früchte im Topf mit der gewürfelten Ginger Nut, dem Ginger-Nut-Sirup und dem Gelierzucker mischen und zugedeckt 1 Stunde ziehen lassen.
Die Fruchtmischung unter Rühren langsam zum Kochen bringen und 5 Minuten kochen. Den fertigen Fruchtaufstrich mit dem Stabmixer pürieren und in die vorbereiteten Gläser füllen und gut verschließen.

MEIN TIPP

Ginger Nut sind eingelegte Ingwerstücke in Sirup. Ich verwende sie gern sparsam dosiert zum Aromatisieren. Im Kühlschrank lässt sich so ein Glas eine ganze Weile aufbewahren. Habe ich keinen eingelegten Ingwer zur Hand, verwende ich etwas frisch geriebenen Ingwer.

Sonnenzauber

Zutaten für 4 Gläser à 225 ml

2 Orangen
4–6 Clementinen oder Mandarinen
100 g Soft-Aprikosen
230 g Gelierzucker (3 : 1)

Die Orange halbieren, auspressen und 100 ml Orangensaft abmessen. Die Clementinen schälen. Die weißen Fäden aus den Zwischenräumen und den Strunk in der Mitte entfernen. In die einzelnen Segmente teilen, 500 g abwiegen und in kleine Stücke schneiden. Die Soft-Aprikosen wiegen und würfeln. Die Clementinenstücke, den Orangensaft, die Soft-Aprikosen und den Gelierzucker in einen Topf geben und mischen.
Die Fruchtmischung unter Rühren langsam zum Kochen bringen und 5 Minuten sprudelnd kochen lassen. Die fertige Marmelade mit dem Stabmixer fein pürieren und in die vorbereiteten Gläser füllen und gut verschließen.

MEIN TIPP

Der Unterschied zwischen Mandarine und Clementine: Mandarinen sind besonders saftig und aromatisch. Sie sind etwas saurer als Clementinen. Sie lassen sich leicht schälen und enthalten Kerne. Clementinen sind wahrscheinlich eine Kreuzung aus Mandarine und Pomeranze (Bitterorange). Die Früchte sind sehr aromatisch, recht süß und weitgehend kernlos. Sie lassen sich schlechter schälen als Mandarinen.

Grapefruit mit Himbeeren

Zutaten für 4–5 Gläser à 225 ml

1 Zitrone
200 g Himbeeren
2 EL brauner Zucker
4–5 rosa Grapefruits
4–5 Saftorangen
360 g Gelierzucker (3 : 1)

Die Zitrone halbieren, auspressen und 60 ml Saft abmessen. Himbeeren verlesen, in ein Sieb geben, kurz abbrausen, mit Küchenpapier trockentupfen. Die Beeren in einer Schale zerdrücken, mit dem Zitronensaft übergießen und mit dem braunen Zucker mischen.

Von den Grapefruits die Schale sowie die weiße Haut mit einem Messer sorgsam entfernen. Die Fruchtfilets aus den Trennhäuten schneiden, den Saft auffangen und 700 g Fruchtfleisch abwiegen. Die Orangen halbieren, auspressen und 200 ml von dem Saft abmessen.

Die marinierten Himbeeren durch ein feines Sieb streichen und das Püree auffangen.

Grapefruitfilets, Orangensaft und das Himbeerpüree mit dem Gelierzucker in einem Topf mischen.

Die Fruchtmasse zum Kochen bringen und 5 Minuten sprudelnd kochen lassen. Vor dem Abfüllen gegebenenfalls den Schaum abschöpfen, in die vorbereiteten Gläser abfüllen und sofort verschließen.

Grapefruitmarmelade mit Rosenwasser

Zutaten für 4–5 Gläser à 225 ml

3–4 große rosa Grapefruits
½ Vanilleschote
250 g Gelierzucker (3 : 1)
2 TL Ginger-Nut-Sirup
1 EL Rosenwasser

Die Grapefruits halbieren, eine Hälfte beiseitelegen, aus den anderen Hälften den Saft auspressen und 580 ml Saft abmessen. Aus der beiseitegelegten Grapefruithälfte die Fruchtfilets herauslösen und 150 g abwiegen.
Den Saft mit den Grapefruitfilets in einen Topf geben. Die Vanilleschote längs aufschneiden und das Mark herauskratzen. Den Gelierzucker und das Mark hinzufügen.
Die Mischung unter Rühren langsam erhitzen und 5 Minuten kochen lassen. Die Marmelade mit dem Stabmixer pürieren und zuletzt den Sirup und das Rosenwasser unterrühren. Die heiße Marmelade in die vorbereiteten Gläser füllen und verschließen.

MEIN TIPP

Eine lieblichere Variante dieses Rezepts entsteht, wenn man 2 EL Zucker karamellisiert, mit 1 EL Orangenlikör verrührt und zuletzt unter die bereits gekochte Marmelade gibt. Bei dieser Variante das Rosenwasser und den Ginger-Nut-Sirup weglassen.

Marmelade von rosa Grapefruit und Rhabarber

Zutaten für 4–5 Gläser à 225 ml

350 g Rhabarber
4–5 große rosa Grapefruits
½ Vanilleschote
270 g Gelierzucker (3 : 1)
1–2 EL Aperol

Die Rhabarberstangen waschen, putzen, die äußeren Fäden abziehen und 250 g abwiegen. Stangen in etwa 1 cm breite Stücke schneiden.
Von einer Grapefruit die Schale sowie die weiße Haut mit einem Messer ablösen. Die Grapefruitfilets aus den Trennhäuten lösen und 150 g abwiegen. Die restlichen Grapefruits halbieren, den Saft auspressen und 420 ml abmessen.
Die Grapefruitfilets und den -saft mit den Rhabarberstücken in einen Topf geben. Die Vanilleschote längs aufschneiden und das Mark herauskratzen. Gelierzucker, Likör und Vanillemark hinzufügen und alles in einem Topf vermischen.
Die Fruchtmischung unter Rühren langsam erhitzen und 5 Minuten kochen lassen.
Dann die Marmelade mit dem Stabmixer pürieren, die heiße Fruchtmasse in die vorbereiteten Gläser füllen und verschließen.

Marmelade von Halbblutorangen mit Campari

Zutaten für 8–9 Gläser à 225 ml

2,6 kg Halbblutorangen (z. B. Tarocco oder Moro)
500 g Gelierzucker (3 : 1)
2 EL Campari

Die Orangen mit einem scharfen Messer so schälen, dass auch die weiße Haut vollständig entfernt ist. 1 kg Fruchtfleisch abwiegen und ohne die inneren weißen harten Trennhäute in mittelgroße Stücke schneiden. Die restlichen Orangen halbieren und auspressen. 500 ml Saft abmessen und in einen großen Topf geben. Die Orangenstücke, den Campari und den Gelierzucker mit dem Saft im Topf mischen. Die Mischung unter Rühren langsam zum Kochen bringen und 6 Minuten kochen lassen.
Die Marmelade mit dem Stabmixer pürieren, in die vorbereiteten Gläser füllen und gut verschließen.

MEIN TIPP

Durch die Halbblutorangen bekommt die Marmelade einen feinen herben Geschmack. Dieser lässt sich durch die Zugabe von 500 ml Blutorangensaft noch intensivieren, den man dann statt dem Saft der Halbblutorangen verwendet.

Orange mit Passionsfrucht

Zutaten für 5–6 Gläser à 225 ml

1 kg Orangen
3 Passionsfrüchte
½ Zimtstange
280 g Gelierzucker (3 : 1)
Nach Belieben: 2 EL Cointreau

Eine Orange waschen, trockenreiben und mit einem Zestenreißer etwas Schale abziehen. Die Orangen mit einem scharfen Messer so großzügig schälen, dass auch die weiße Haut vollständig entfernt ist. Die Orangenfilets aus den Trennhäuten lösen und 800 g Orangenfilets abwiegen. Die Filets zusammen mit der Zimtstange, der Zeste und dem Gelierzucker in einem Topf mischen.
Die Passionsfrüchte halbieren und das Mark durch ein feines Sieb streichen. Den aufgefangenen Saft mit den Orangen vermischen und unter Rühren langsam zum Kochen bringen und 6 Minuten kochen lassen.
Die Zimtstange und die Zesten entfernen.
Die Orangenmarmelade mit dem Stabmixer pürieren, in die vorbereiteten Gläser füllen und gut verschließen.

MEIN TIPP

Wenn Sie mehr Festigkeit in der Marmelade möchten, entfernen Sie nur die äußere weiße Haut und den inneren weißen Strunk, lösen aber die Filets nicht aus der Haut.

Pomeranzen

Zutaten für 5–6 Gläser à 225 ml

2 kg Pomeranzen (unbehandelt)
3 Orangen
350 g Gelierzucker (3 : 1)

Zwei Pomeranzen heiß waschen und trockenreiben. Von einer Pomeranze die Schale ganz fein abreiben, von der anderen Pomeranze die Schale mit einem Zestenreißer abziehen. Alternativ die Schale mit einem scharfen Messer dünn abschälen und in sehr feine Streifen schneiden.
Alle Pomeranzen halbieren, auspressen und 850 ml Pomeranzensaft abmessen.
Die Orangen so schälen, dass die weiße Haut vollständig entfernt ist, und 200 g Orangenfilets auslösen. Den Pomeranzensaft und die Orangenfilets in einen Topf geben und den Gelierzucker hinzufügen. Die fein abgeriebene Pomeranzenschale und die Pomeranzenzesten dazugeben, die Mischung langsam zum Kochen bringen und 5 Minuten sprudelnd kochen lassen.
Den entstandenen Schaum mit dem Schaumlöffel abschöpfen, das Pomeranzengelee in die vorbereiteten Gläser füllen und gut verschließen. Nach Belieben können Sie vor dem Abfüllen noch 2 EL Grand Marnier (Orangenlikör), Sanddornmark oder 1 Messerspitze Vanillemark unterrühren.

MEIN TIPP

Pomeranzen sind Bitterorangen, die für den Rohverzehr nicht geeignet sind. Die kernreichen Orangen bekommen Sie nur im Januar und Februar.

Sanddorn mit Gojibeeren und Orange

Zutaten für 2–3 Gläser à 225 ml

70 g frische Gojibeeren
7 Orangen
50 ml Sanddornsaft (ohne Zucker)
200 Gelierzucker (3 : 1)
15 g milder Blütenhonig

Die Gojibeeren verlesen, in ein Sieb geben, kalt abbrausen und trockentupfen.
Von den Orangen die Schale sowie die weiße Haut mit einem Messer sorgsam entfernen. Die Fruchtfilets aus den Trennhäuten schneiden, den Saft auffangen und 500 g Fruchtfleisch abwiegen.
Den Sanddornsaft mit den Orangenfilets und dem Gelierzucker in einem Topf mischen. Die Fruchtmischung aufkochen und mit dem Stabmixer fein pürieren. Die Gojibeeren dazugeben und 4 Minuten kochen lassen.
In die vorbereiteten Gläser füllen und gut verschließen. Die Gläser während des Abkühlens öfter drehen, so können sich die Beeren gut verteilen.

MEIN TIPP

Sanddornsaft bekommen Sie im Bioladen oder im Reformhaus, wahlweise kann auch Sanddornpüree verwendet werden.

Mandarinenmarmelade

Zutaten für 5–6 Gläser à 225 ml

1,3 kg Mandarinen
1 Vanilleschote
1 Orange (unbehandelt)
1 Msp. Zimt
330 g Gelierzucker (3 : 1)

Die Mandarinen schälen und in die einzelnen Segmente teilen. Die weißen Häutchen aus den Zwischenräumen und den Strunk in der Mitte entfernen. 1000 g Fruchtfleisch abwiegen und in kleine Stücke schneiden. Die Vanilleschote der Länge nach aufschneiden und das Mark herauskratzen.
Die Mandarinenstücke in einem Topf mit Gelierzucker, Zimt und Vanillemark mischen. Die Orange heiß waschen, abtrocknen und mit einer feinen Reibe ¼ von der Schale in die Mischung reiben. Abgedeckt 1 Stunde ziehen lassen.
Die Fruchtmischung unter Rühren langsam zum Kochen bringen und 6 Minuten sprudelnd kochen lassen. Die fertige Marmelade mit dem Stabmixer pürieren. In die vorbereiteten Gläser füllen und gut verschließen.

MEIN TIPP

Wer mag, verfeinert die Marmelade noch mit 1 EL Grand Marnier. Etwas Schärfe bekommt die Mandarine durch die Zugabe von Chili.

Zitronengelee

Zutaten für 3–4 Gläser à 225 ml

7 Zitronen (unbehandelt)
Ingwerwurzel
150 ml klarer Apfelsaft
15 g brauner Zucker
200 g Gelierzucker (3 : 1)
3 frische Basilikumblätter
2 EL Wodka

Eine Zitrone heiß waschen und trockenreiben. Mit dem Zestenreißer etwa ½ EL Zitronenschale abziehen oder mit dem Sparschäler einen dünnen Streifen Schale abziehen und in feine Streifen schneiden. Alle Zitronen halbieren und auspressen, 400 ml Saft abmessen. Den Ingwer schälen und eine Scheibe von 0,5 cm abschneiden.

Zitronen- und Apfelsaft in einen Topf geben, den braunen Zucker, die Ingwerscheibe und den Gelierzucker einrühren. Die Saftmischung unter Rühren zum Kochen bringen und 2 Minuten sprudelnd kochen lassen. Die Zitronenzesten und den Wodka hinzufügen und weitere 3 Minuten kochen lassen.

Die Basilikumblätter von den Stielen zupfen, waschen und mit Küchenpapier trockentupfen. Die Blätter in feine Streifen schneiden und auf die vorbereiteten Gläser verteilen.

Die Ingwerscheibe entfernen, das Gelee in die Gläser füllen und gut verschließen. Während das Gelee abkühlt, die Gläser mehrmals umdrehen, damit sich die Basilikumstreifen gleichmäßig verteilen. Das Gelee ist mit den frischen Kräutern gekühlt etwa 3 Monate haltbar.

Karibik

Zutaten für 11–13 Gläser à 225 ml

2 kg Nektarinen
6 Passionsfrüchte
5–6 Orangen
½ Ananas
½ Zimtstange, 2 Sternanis
1 Vanilleschote
800 g Gelierzucker (3 : 1)

Die Nektarinen waschen, halbieren, die Steine entfernen und in kleine Stücke schneiden. Von dem Fruchtfleisch 1,6 kg abwiegen. Die Passionsfrüchte halbieren und durch ein feines Sieb streichen. Nur den aufgefangenen Saft weiterverwenden.
Die Orangen halbieren und auspressen. Davon 400 ml Saft abmessen. Von der Ananas den harten Mittelstrunk entfernen, die Schale rundum abschneiden, 320 g abwiegen und das Fruchtfleisch würfeln.
Die Zimtstange und den Sternanis in einen Einmalteefilter füllen und mit Küchengarn zubinden. Die Vanilleschote der Länge nach aufschneiden und das Mark herauskratzen.
Alle Fruchtstücke und Säfte mit dem Gelierzucker in einem großen Topf vermischen. Das Gewürzsäckchen, die Vanilleschote und das Vanillemark dazugeben.
Die Früchtemischung unter Rühren langsam zum Kochen bringen und 6–8 Minuten kochen lassen. Die Vanilleschote und das Gewürzsäckchen entfernen. Die Mischung mit dem Stabmixer pürieren und in die vorbereiteten Gläser abfüllen.

MEIN TIPP

Anstelle der Nektarinen kann man auch gelbe oder weiße Pfirsiche verwenden. Dann nicht vergessen, die Haut abzuziehen, sonst wird der Aufstrich bitter.

Apfel mit Blutorange

Zutaten für 3–4 Gläser à 225 ml

600 g Äpfel (Rubinette oder Topaz)
3–4 Halbblutorangen (z. B. Moro)
2 Nelken
½ Zimtstange
½ Vanilleschote
220 g Gelierzucker (3 : 1)
Einmalteefilter

Die Äpfel vierteln, schälen und die Kerngehäuse entfernen. 400 g abwiegen und in kleine Würfel schneiden. Die Apfelstücke mit dem Gelierzucker in einem Topf vermischen. Die Nelken mit der halbierte Zimtstange in einen Einmalteefilter füllen und mit Küchengarn zubinden. Die Vanilleschote der Länge nach aufschneiden und das Mark herauskratzen. Das Gewürzsäckchen und das Vanillemark zu der Apfelmischung hinzufügen.
Die Halbblutorangen halbieren und auspressen. Von dem Saft 250 ml abmessen, zu den Zutaten in den Topf geben und unterrühren.
Die Fruchtmischung unter Rühren zum Kochen bringen und für 5 Minuten sprudelnd kochen lassen. Das Gewürzsäckchen entfernen. Den fertigen Fruchtaufstrich mit dem Stabmixer pürieren, in die vorbereiteten Gläser füllen und gut verschließen.

MEIN TIPP

Blutorangen sind in der Färbung meist dunkelrot und im Geschmack herb. Die Halbblutorange ist in der Färbung eher heller und im Geschmack milder.
Etwas mehr Struktur erhält man, wenn auch das Fruchtfleisch der ausgepressten Blutorangen mitgekocht wird.

Apfel mit Rhabarber

Zutaten für 4–5 Gläser à 225 ml

650 g Äpfel (Rubinette oder Topaz)
300 g Rhabarber
100 ml Apfelsaft (z. B. van Nahmen)
1 Zitrone (unbehandelt)
½ Vanilleschote
260 g Gelierzucker (3 : 1)
½ Zimtstange

Die Äpfel vierteln, schälen und die Kerngehäuse entfernen. 500 g abwiegen und in kleine Würfel schneiden. Den Rhabarber putzen, die äußeren Fäden abziehen und 200 g abwiegen. Die Rhabarberstangen in etwa 1 cm breite Stücke schneiden und zusammen mit den Apfelwürfeln und dem Apfelsaft in einen Topf geben. Von der gewaschenen Zitrone mit einem Sparschäler ein ca. 3 cm langes Stück Schale abziehen, dann die Zitrone halbieren. Die Vanilleschote der Länge nach aufschneiden und das Mark herauskratzen. Die Zimtstange in der Mitte brechen und nur eine Hälfte verwenden.
Die Früchte mit 2 EL Zitronensaft, Gelierzucker, Vanillemark, Zimtstange und der Zitronenschale gut mischen. Alles abgedeckt eine Stunde ziehen lassen.
Die Apfel-Rhabarber-Mischung unter Rühren langsam zum Kochen bringen und 6 Minuten sprudelnd kochen. Zitronenschale und Zimtstange entfernen und den Fruchtaufstrich mit dem Stabmixer pürieren. In die vorbereiteten Gläser füllen und gut verschließen.

Apfel mit Walnüssen

Zutaten für 2–3 Gläser à 225 ml

½ Zitrone (unbehandelt)
½ Orange (unbehandelt)
500 g Äpfel (z. B. Jonagold)
150 ml Apfelsaft (z. B. van Nahmen)
1 Msp. Bourbon-Vanillemark
150 g Gelierzucker (3 : 1)
1 Zimtstange
15 g Walnusskerne
1 EL brauner Zucker
4–5 Tropfen Bittermandelöl

Die Zitrone und die Orange heiß waschen und trockenreiben. Von jeder Frucht etwa die Hälfte der Schale fein abreiben. Die Zitrone halbieren und eine Hälfte auspressen.
Die Äpfel vierteln, schälen und die Kerngehäuse entfernen. 300 g Fruchtfleisch abwiegen und in kleine Würfel schneiden. In einen Topf geben und mit dem Zitronensaft, dem Abrieb von Zitrone und Orange, dem Vanillemark und dem Gelierzucker mischen. 150 ml Apfelsaft angießen und die Zimtstange dazugeben. Die Mischung unter Rühren langsam zum Kochen bringen und 5 Minuten kochen lassen.

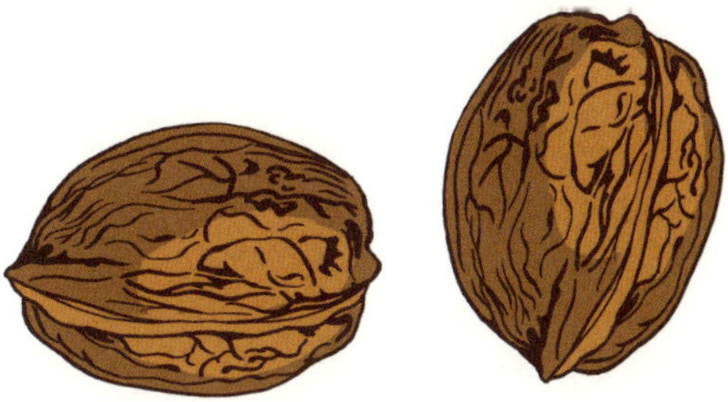

Die Walnusskerne grob hacken. Den braunen Zucker in einer kleinen Pfanne hell schmelzen lassen, die gehackten Walnüsse hinzufügen und unter Rühren karamellisieren.
Den Topf vom Herd nehmen, die Zimtstange entfernen und den Apfelfruchtaufstrich mit dem Stabmixer grob pürieren. Die karamellisierten Walnüsse und das Bittermandelöl unterrühren, die Marmelade in vorbereitete Gläser füllen und gut verschließen.

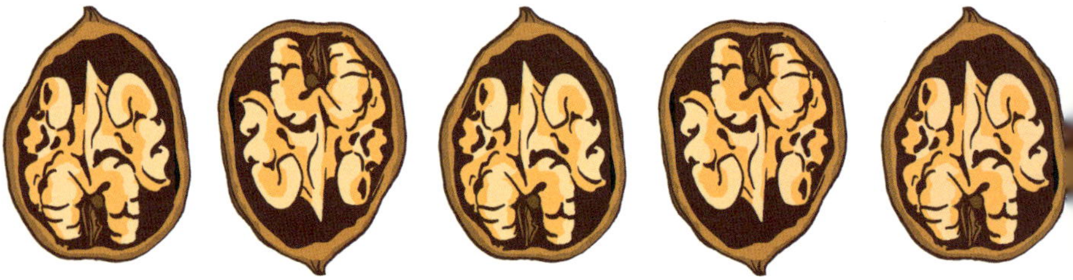

MEIN TIPP

Anstelle der Walnüsse verwende ich auch gern Mandelblättchen und 1 EL Mandellikör (z. B. Amaretto).
Die Haltbarkeit für diesen Fruchtaufstrich ist durch die Zugabe der Walnüsse begrenzt. Er sollte möglichst innerhalb 3 bis 4 Monaten gegessen werden.

Apfel mit Tomate und Thymian

Zutaten für 3–4 Gläser à 225 ml

350 g Äpfel (z. B. Boskop)
2 EL Zitronensaft
150 ml Apfelsaft (z. B. van Nahmen)
200 g Tomaten (z. B. Bovoloti-Tomaten)
200 g Gelierzucker (3 : 1)
2 Zweige Thymian

Die Äpfel vierteln, schälen und die Kerngehäuse entfernen. 250 g abwiegen und in kleine Würfel schneiden. In einen Topf geben und mit Zitronen- und Apfelsaft vermischen. Mit dem Sparschäler ein dünnes Stück Schale von der gewaschenen Zitrone abziehen. Die Tomaten waschen, halbieren, den kleinen Stielansatz entfernen, in kleine Würfel schneiden und in den Topf zu den Apfelstücken geben.
Den Gelierzucker mit den Thymianzweigen und den Früchten mischen und 30 Minuten ziehen lassen. Die Thymianzweige und die Zitronenschale entfernen. Die Mischung zum Kochen bringen und 5–6 Minuten kochen lassen.
Den Fruchtaufstrich mit dem Stabmixer pürieren und in die vorbereiteten Gläser füllen und gut verschließen.

MEIN TIPP

Einen herberen Akzent bekommt der Fruchtaufstrich, wenn man ein paar Tropfen Calvados hinzufügt.

Schnelles Apfelgelee mit Pfiff

Zutaten für 2–3 Gläser à 225 ml

50 g ungeschwefelte Rosinen
4 EL Calvados
1 Zitrone
½ Vanilleschote
600 ml Apfelsaft (z. B. van Nahmen)
180 g Gelierzucker (3 : 1)
½ Zimtrinde
1 EL Honig
ca. 2 EL Mandelblättchen

Die Rosinen mit dem Calvados übergießen und zugedeckt 1 Stunde ziehen lassen. Die Zitrone auspressen. Die Vanilleschote halbieren, dann der Länge nach aufschneiden, das Mark herauskratzen. Die ausgekratzte Schotenhälfte bis zur weiteren Verwendung beiseitelegen. Den Apfelsaft in einem Topf mit Zitronensaft, Gelierzucker, Zimtrinde, Honig, Vanillemark und -schote mischen.
Die Saftmischung zum Kochen bringen und 3 Minuten kochen lassen. Die Vanilleschote und die Zimtstange entfernen. Die Calvados-Rosinen dazugeben, die Saftmischung nochmals kurz 3 Minuten aufkochen lassen.
Die Mandelblättchen auf die vorbereiteten Gläser verteilen, dann das Apfelgelee einfüllen und gut verschließen. Während das Gelee abkühlt, die Gläser mehrmals umdrehen, damit sich Rosinen und Mandelblättchen gut verteilen.

MEIN TIPP

Sie können die Mandelblättchen auch in einer Pfanne ohne Fett anrösten, mit etwas braunem Zucker karamellisieren und zuletzt unter das Apfelgelee rühren.

Grüner Apfel mit Holunderblütensirup

Zutaten für 4–5 Gläser à 225 ml

1 Limette (unbehandelt)
1 kg grüne Äpfel
120 ml Apfelsaft
80 ml Holunderblütensirup
360 g Gelierzucker (3 : 1)

Die Limette waschen, halbieren, auspressen und von dem Saft 20 ml abmessen. Äpfel vierteln, schälen und die Kerngehäuse entfernen. 700 g Fruchtfleisch abwiegen, in kleine Würfel schneiden, in einen Topf geben und mit dem Limettensaft begießen. Die Apfelwürfel zusammen mit dem Apfelsaft, dem Holunderblütensirup und dem Gelierzucker mischen.
Von der halbierten Limette ca. ¼ der Schale fein abreiben und unter die Fruchtmasse mischen, zum Kochen bringen und 5 Minuten sprudelnd kochen lassen. Mit dem Stabmixer fein pürieren, in die vorbereiteten Gläser abfüllen und sofort verschließen.

MEIN TIPP

Die Variante mit den grünen Äpfeln (Granny Smith) ist eine frische, säuerliche; etwas lieblicher wird der Geschmack, wenn Sie beispielsweise Apfelsorten wie Gala oder Topaz verwenden.

Preiselbeeren mit Himbeeren und Apfel

Zutaten für 6–7 Gläser à 225 ml

1 Zitrone
2 Äpfel (z. B. Elstar)
600 g Himbeeren
400 g Preiselbeeren
200 ml Apfelsaft (z. B. van Nahmen Elstar)
480g Gelierzucker (3 : 1)
½ Zimtstange
2 Msp. frischer Ingwer

Die Zitrone waschen, trocknen, mit einer feinen Reibe ¼ der Zitronenschale abreiben. Dann halbieren und den Saft auspressen. Die Äpfel schälen, vierteln, das Kerngehäuse entfernen und 160 g Fruchtfleisch abwiegen. Die Apfelstücke mit einer Reibe in grobe Stücke reiben und mit dem Zitronensaft mischen.
Himbeeren und Preiselbeeren verlesen, getrennt voneinander in ein Sieb geben und mit kaltem Wasser kurz abbrausen. Die Beeren gut abtropfen lassen, zusammen mit den geriebenen Äpfeln und dem Apfelsaft in einen Topf geben. Den Gelierzucker unterrühren, die halbierte Zimtstange und den Zitronenabrieb dazugeben.
Die Fruchtmischung unter Rühren zum Kochen bringen und 5 Minuten kochen lassen. Die Zimtstange entfernen und den Fruchtaufstrich mit dem Stabmixer pürieren. Den frisch geriebenen Ingwer unterrühren, dann in die vorbereiteten Gläser füllen und gut verschließen.

Bratapfel mit Marzipan

Zutaten für 3–4 Gläser à 225 ml

15 g Rosinen
2 EL Mandellikör (z. B. Amaretto)
3 Orangen
4 Äpfel
½ Zitrone (unbehandelt)
50 g feines Honigmarzipan
¼ ausgekratzte Vanilleschote
200 g Gelierzucker (3 : 1)
1 Prise Zimt
1 Prise Nelken

Die Rosinen in eine kleine Schale geben, mit Likör begießen und 2–3 Stunden abgedeckt ziehen lassen.
Eine Orange schälen und die weiße Haut vollständig entfernen. Die Orangenfilets aus den Trennhäuten lösen und 50 g abwiegen. Die restlichen Orangen halbieren, den Saft auspressen und 150 ml abmessen.
Den Orangensaft und die Filets in einen Topf geben. Die Äpfel halbieren, vierteln, entkernen, 450 g abwiegen, in kleine Stücke schneiden und mit etwas Zitronensaft beträufeln. Das Marzipan in kleine Stücke schneiden, die Vanilleschote der Länge nach aufschneiden und das Mark herauskratzen.
Die Apfelstücke zu Orangensaft und -filets in den Topf geben. Mit Gelierzucker, Vanillemark und Marzipan mischen. Zuletzt ¼ TL der fein abgeriebenen Zitronenschale unterrühren.
Die Fruchtmasse unter Rühren aufkochen und ca. 5 Minuten kochen lassen. Den Fruchtaufstrich mit Zimt und Nelken würzen, mit dem Stabmixer grob pürieren.
Die Amaretto-Rosinen unterrühren, nochmals für 1–2 Minuten aufkochen lassen und in die vorbereiteten Gläser abfüllen und gut verschließen.

Herbstsonne

Zutaten für 4–5 Gläser à 225 ml

2 Zitronen
450 g Birnen (z. B. Williams Christ)
350 g Äpfel (z. B. Elstar)
100 ml Apfelsaft (z. B. van Nahmen Elstar)
280 g Gelierzucker (3 : 1)
1 Msp. Vanillemark
150 ml Sanddornpüree

Zitronen halbieren, auspressen und 55 ml Saft abmessen. Die Birnen vierteln, schälen und die Kerngehäuse entfernen. 310 g Birnenfruchtfleisch abwiegen und in kleine Würfel schneiden. Mit 2 EL Zitronensaft beträufeln und in einem Topf mischen. Die Äpfel vierteln, schälen und die Kerngehäuse entfernen. 250 g abwiegen und in kleine Würfel schneiden. Die Apfelwürfel zusammen mit dem restlichen Zitronensaft, dem Gelierzucker, dem Vanillemark und dem Sanddornpüree zu den Birnenstücken geben und vermischen.

Die Mischung unter Rühren zum Kochen bringen und 5 Minuten kochen lassen.

Den Fruchtaufstrich mit dem Stabmixer fein pürieren, in die vorbereiteten Gläser füllen und gut verschließen.

MEIN TIPP

Sanddornpüree kaufe ich meist im Bio- oder Naturkostladen.

Traubengelee

Zutaten für 3–4 Gläser à 225 ml

1 kg kleine helle kernlose Bio-Weintrauben
2 EL weißer Portwein
1 Msp. geriebene Kaffirlimettenschale oder Limettenschale
½ TL brauner Zucker
1 Stück Ingwer
180 g Gelierzucker (3 : 1)

Die Trauben in ein Sieb geben und gründlich mit kaltem Wasser abbrausen. Die Beeren gut abtropfen lassen und von den Stielen zupfen. Von den Trauben 50 g abwiegen, in dünne Scheibchen schneiden und in eine kleine Schüssel geben. Den Portwein mit dem Kaffirlimettenabrieb, dem braunen Zucker und einer dünnen Scheibe frischen Ingwer mischen, über die Traubenscheiben geben und etwa 1 Stunde ziehen lassen.
Die restlichen Trauben mit 300 ml Wasser (wahlweise Trauben- oder Apfelsaft) in einen Topf geben. Unter Rühren langsam zum Kochen bringen und 4 Minuten kochen lassen. Die Trauben durch ein Haarsieb in einen Topf abgießen und 500 ml Traubensaft abmessen.
Den Traubensaft mit dem Gelierzucker mischen und 3 Minuten sprudelnd kochen lassen. Die marinierten Traubenscheiben dazugeben und weitere 3 Minuten kochen. Das Ingwerstück entfernen. Das Gelee in die vorbereiteten Gläser füllen und gut verschließen. Die Gläser während des Abkühlens öfter drehen, damit sich die Traubenscheiben gut verteilen.

MEIN TIPP

Für ein Gelee von dunklen Trauben nehme ich roten Portwein und Orangenschale.

Gelee von hellen Trauben mit Moscato d'Asti

Zutaten für 4–5 Gläser à 225 ml

1 kg kleine helle kernlose Bio-Weintrauben
1 Zitrone (unbehandelt)
1 EL Rohrzucker
300 ml Moscato d'Asti (italienischer süßer Weißwein)
200 g Gelierzucker (3 : 1)

Die Trauben in ein Sieb geben, gründlich mit kaltem Wasser abbrausen, gut abtropfen lassen und von den Stielen zupfen. Die Beeren halbieren, 50 g der Fruchthälften abwiegen und beiseitestellen.

Die Zitrone heiß waschen und trockenreiben. Mit einem Sparschäler einen Streifen Zitronenschale abziehen. Die restlichen Traubenhälften mit der Zitronenschale und dem Rohrzucker in einem Topf mischen. Die Fruchtmischung abgedeckt 2 Stunden ziehen lassen.

Die Trauben unter Rühren langsam zum Kochen bringen und 4 Minuten kochen lassen. Die Beeren durch ein Haarsieb in einen Topf abgießen und 500 ml von dem Traubensaft abmessen.

Die Zitrone halbieren und eine Hälfte auspressen. Den Zitronensaft durch ein feines Sieb zu dem Traubensaft gießen, den Moscato d'Asti und den Gelierzucker dazugeben und zum Kochen bringen. Alles 5 Minuten kochen lassen und eine Gelierprobe machen.

Die restlichen Trauben und nach Belieben feine Zitronenzesten dazugeben, noch einmal aufkochen lassen. Das Traubengelee in die vorbereiteten Gläser füllen und gut verschließen. Die Gläser während des Abkühlens öfter drehen, damit sich die Trauben gut verteilen.

Exotische Mischung

Zutaten für 3–4 Gläser à 225 ml

1 reife Mango, ½ kleine Papaya
1 Ananas, 1 Banane
30 g Kumquats
20 g brauner Zucker
200 g Gelierzucker (3 : 1)
Nach Belieben: 1 EL Kokoslikör

Das Mangofruchtfleisch in breiten Streifen vom Stein schneiden, schälen und 170 g abwiegen. Die Papaya entkernen, schälen und 50 g abwiegen. Die Ananas der Länge nach vierteln und den harten Strunk entfernen. Die Viertel schälen und 350 g Fruchtfleisch abwiegen. Die Banane schälen und 40 g Fruchtfleisch abwiegen. Die Kumquats waschen, trockenreiben, halbieren und entkernen.
Die exotischen Früchte in sehr kleine Stücke schneiden, in einer Schüssel mit dem Gelierzucker vermischen und 1 Stunde ziehen lassen.
Den braunen Zucker in einen Topf geben und bei mittlerer Hitze schmelzen und hell goldfarben karamellisieren lassen. Die Früchtemischung dazugeben, unterrühren, zum Kochen bringen und 5 Minuten kochen lassen.
Zuletzt den Kokoslikör unter den heißen Fruchtaufstrich rühren, mit dem Stabmixer pürieren und in die vorbereiteten Gläser füllen und gut verschließen.

MEIN TIPP

Diese Grundrezeptur lässt sich gut abwandeln durch Zugabe von Gewürzen wie frischem Ingwer oder Zitronengras. Auch Kokosmilch kann mit eingekocht werden, dadurch reduziert sich allerdings die Haltbarkeit bei kühler und dunkler Lagerung auf 10 Wochen.

Mispel

Zutaten für 4–5 Gläser à 225 ml

800 g Mispeln
½ Zitrone
350 g Birnen (z. B. Williams Christ)
½ Vanilleschote
280 g Gelierzucker (3 : 1)
2 EL Birnenschnaps

Die Mispeln häuten, halbieren und die Steine entfernen. Von den Fruchthälften 600 g abwiegen, in Stücke schneiden und sofort in einem Topf mit Zitronensaft mischen.
Die Birnen schälen, halbieren, vierteln, entkernen, davon 240 g Fruchtfleisch abwiegen und in kleine Stücke schneiden und zu den Mispeln geben.
Die Vanilleschote der Länge nach aufschneiden und das Mark herauskratzen. Den Gelierzucker, den Birnenschnaps, das Vanillemark und die Vanilleschote mit den Früchten mischen und etwa 1 Stunde ziehen lassen.
Die Fruchtmischung unter Rühren langsam zum Kochen bringen und 6 Minuten sprudelnd kochen lassen. Die Vanilleschote entfernen und den Fruchtaufstrich mit dem Stabmixer fein pürieren. In die vorbereiteten Gläser füllen und gut verschließen.

Quitten mit Kaki

Zutaten für 3–4 Gläser à 225 ml

1,5 kg Quitten
2 reife Kakifrüchte
½ Vanilleschote
220 g Gelierzucker (3 : 1)

Die Quitten sehr gut waschen, abtropfen lassen. Mit Schale und Kerngehäuse in grobe Würfel schneiden. Das Quittenfruchtfleisch mit 1,5 Liter Wasser (wahlweise Apfelsaft) in einen großen Topf geben, zum Kochen bringen und 45 Minuten weich kochen.

Ein Sieb mit einem Mulltuch auslegen und auf eine passende Schüssel setzen. Die Quitten in das Sieb abgießen und den Saft auffangen. Von dem Saft 500 ml abmessen.

Die Kakifrüchte putzen, schälen und das Fruchtfleisch in kleine Würfel schneiden. 180 g Fruchtfleisch abwiegen. Die Vanilleschote der Läge nach aufschneiden und das Mark herauskratzen.

Den Quittensaft, das Kakifruchtfleisch, das Vanillemark und den Gelierzucker in einem großen Topf mischen. Die Früchtemischung unter Rühren langsam zum Kochen bringen und 5 Minuten kochen lassen.

Den heißen Fruchtaufstrich mit dem Stabmixer fein pürieren, in die vorbereiteten Gläser füllen und gut verschließen. Nach Belieben können Sie vor dem Abfüllen noch 1–2 EL Sirup von eingelegtem Ingwer (Ginger Nuts) unterrühren.

MEIN TIPP

Weil die Quitten samt Schale gekocht werden, sollten Sie für dieses Rezept nach Möglichkeit Bioware verwenden. Vor der Verarbeitung den Flaum mit einem Tuch entfernen, denn der macht den Fruchtaufstrich bitter.

Quitten mit Birne

Zutaten für 3–4 Gläser à 225 ml

1,5 kg Quitten
1 Zitrone (unbehandelt)
½ Vanilleschote
200 g Birnen
1–2 Thymianzweige
220 g Gelierzucker (3 : 1)

Die Quitten sehr gut waschen, trockenreiben, mit der Schale und dem Kerngehäuse in grobe Würfel schneiden. Die Zitrone waschen, trockenreiben und vierteln. Die Quitten- und Zitronenstücke in einen großen Topf geben und mit 1,5 Liter Wasser (wahlweise mit Apfelsaft) aufgießen. Die Quittenmischung zum Kochen bringen und in etwa 35 Minuten weich kochen.
Ein Sieb mit einem Mulltuch auslegen und auf einen passenden Topf setzen. Die gekochten Quittenstücke in das Sieb abgießen und den Saft auffangen. Von dem Saft 500 ml abmessen.
Die Vanilleschote der Läge nach aufschneiden und das Mark herauskratzen. Die Birne halbieren, vierteln, schälen und das Kerngehäuse entfernen. 150 g Fruchtfleisch abwiegen und in kleine Würfel schneiden.
Den Quittensaft mit den Birnenwürfeln, der Vanilleschote und dem Vanillemark, den Thymianzweigen und dem Gelierzucker im Topf mischen. Die Früchtemischung unter Rühren langsam zum Kochen bringen und 5 Minuten kochen lassen.
Die Thymianzweige und die Vanilleschote entfernen, den heißen Quittenfruchtaufstrich mit dem Stabmixer fein pürieren, in die vorbereiteten Gläser füllen und gut verschließen.

Gewürzbirne

Zutaten für 3–4 Gläser à 225 ml

2 Zitronen
800 g Birnen (z. B. Santa-Maria)
220 g Gelierzucker (3 : 1)
½ Vanillestange
5 Zimtblüten
1 Anisstern
3 Pimentkörner, 3 Nelken
1 Msp. Kardamom (gemahlen)
3 Tropfen Bittermandelöl

Die Zitronen halbieren, den Saft auspressen und 70 ml abmessen. Die Birnen vierteln, schälen und die Kerngehäuse entfernen. 600 g Fruchtfleisch abwiegen und in kleine Stücke schneiden. In einen großen Topf geben und mit dem Zitronensaft, dem Gelierzucker und dem ausgekratzten Vanillemark mischen. Die Fruchtmischung zugedeckt 1 Stunde ziehen lassen.
Alle Gewürze, mit Ausnahme des Kardamoms, in einen Einmalteefilter geben und mit Küchengarn zubinden. Die Gewürze mit dem Nudelholz etwas andrücken.
Gewürzsäckchen, Kardamompulver und Bittermandelöl zu der Birnenmischung geben, unter Rühren langsam zum Kochen bringen und 6 Minuten kochen. Das Gewürzsäckchen entfernen, den Fruchtaufstrich mit dem Stabmixer pürieren, in die vorbereiteten Gläser füllen und gut verschließen.

MEIN TIPP

Zimtblüten, auch Kassienknospen genannt, sind die unreifen, getrockneten Früchte des *Cinnamomum cassia*. Ihr Geschmack ist mild-süßlich und stärker als Zimt, jedoch weniger scharf. Als Ersatz für die Zimtblüten können Sie auch ein Stück Zimtrinde verwenden.

Grundrezept Zwetschgen

Zutaten für 9–10 Gläser à 225 ml

1,8 kg Zwetschgen (z. B. Bühler oder Hauszwetschgen)
1 Orange
½ Vanilleschote
1 Zimtstange
500 g Gelierzucker (3 : 1)

Die Zwetschgen in ein Sieb geben, mit kaltem Wasser abbrausen und gut abtropfen lassen. Die Zwetschgen halbieren und die Steine entfernen. Die Zwetschgen vierteln, würfeln und 1,5 kg Fruchtfleisch abwiegen.
Die Orange halbieren, den Saft auspressen und 60 ml abmessen.
Die Vanillestange der Länge nach halbieren und das Mark herauskratzen.
Die geviertelten Zwetschgen mit dem Orangensaft, dem Vanillemark, der Vanilleschote, der Zimtstange und dem Gelierzucker in einem Topf mischen. Abgedeckt 30 Minuten ziehen lassen.
Die Zwetschgenmischung unter Rühren langsam zum Kochen bringen und 6 Minuten kochen lassen. Die Vanilleschote und die Zimtstange entfernen. Den fertigen Fruchtaufstrich mit dem Stabmixer fein pürieren, in die vorbereiteten Gläser füllen und gut verschließen.

MEIN TIPP

Ich koche dieses Rezept nach einer Vorlage meiner Großmutter. Die hat die Zwetschgensteine in ein Mulltuch gebunden und zusammen mit den Zwetschgen im Topf mitgekocht. Vor dem Pürieren werden die Steine entfernt.

Burgunderpflaumen

Zutaten für 10–11 Gläser à 225 ml

1,8 kg Pflaumen
1 haselnussgroßes Stück frischer Ingwer
½ Orange (unbehandelt)
5 Nelken
4 Zimtblüten, wahlweise ½ Zimtstange
1 Anisstern
600 g Gelierzucker (3 : 1)
300 ml Burgunder
2 EL roten Portwein

Am Vortag die Pflaumen in ein Sieb geben, mit kaltem Wasser abbrausen und gut abtropfen lassen. Die Pflaumen halbieren und die Steine entfernen. Die Pflaumen vierteln, würfeln und 1,5 kg Fruchtfleisch abwiegen.
Den Ingwer schälen und eine Scheibe abschneiden (etwa 6 g). Die Orange heiß waschen, trockenreiben und die Schale mit einem Sparschäler oder Zestenreißer dünn abziehen. Ingwerscheibe, Nelken, Zimtblüten und den Anisstern in einen Einmalteefilter geben und zubinden.
Die gewürfelten Pflaumen mit dem Gelierzucker in einem großen Topf mischen. Orangenzesten, Burgunder und Gewürzsäckchen dazugeben und über Nacht ziehen lassen.
Am nächsten Tag die Pflaumenmischung unter Rühren langsam zum Kochen bringen und 6 Minuten kochen lassen. Das Gewürzsäckchen und die Orangenzesten entfernen und mit dem Stabmixer grob pürieren. In die vorbereiteten Gläser füllen und gut verschließen.

MEIN TIPP

Anstelle von roten oder blauen Pflaumen können Sie z. B. Bühler Zwetschgen verwenden, eine Sorte, die sich besonders gut zum Einkochen eignet.

Gelee von Zwetschgen

Zutaten für 4–5 Gläser à 225 ml

1,6 kg Zwetschgen
½ Zitrone (unbehandelt)
650 ml Apfelsaft (z. B. van Nahmen)
30 g brauner Krümelkandiszucker
270 g Gelierzucker (3 : 1)

Die Zwetschgen mit kaltem Wasser abbrausen und abtropfen lassen. Zwetschgen halbieren und dabei die Steine entfernen. Die Zitrone ebenfalls waschen, trocknen und halbieren. Den Saft einer Zitronenhälfte auspressen.
Die vorbereiteten Zwetschgenhälften mit 500 ml Apfelsaft, Zitronensaft und dem braunen Kandiszucker vermischen. Kühl stellen und abgedeckt über Nacht ziehen lassen.
Die Zwetschgenmischung zum Kochen bringen und 40 Minuten zugedeckt köcheln lassen. Die Fruchtmischung durch ein Haarsieb abgießen und 650 ml Saft abmessen. Mit einem Sparschäler 2 Zestenstreifen von der Zitrone abziehen, mit dem restlichen Apfelsaft, dem Gelierzucker und dem Zwetschgensaft in einem Topf verrühren.
Langsam zum Kochen bringen und nach 5 Minuten Kochzeit die Zesten entfernen und das Gelee in die vorbereiteten Gläser füllen und gut verschließen.

MEIN TIPP

Eine leicht herbe Note bekommt das Gelee, wenn Sie noch 1–2 EL Holunderbeeren-Muttersaft unterrühren.

Zwetschgenmus

Zutaten für 7–8 Gläser à 225 ml

2 kg Zwetschgen
150 g Soft-Zwetschgen
1 Zitrone
½ Vanilleschote
2 g frischer Ingwer
3 kleine Stücke Zimtrinde
1 Anisstern
240 g Gelierzucker
160 g brauner Zucker

Den Backofen auf 200° vorheizen.
Die Zwetschgen in ein Sieb geben, mit kaltem Wasser abbrausen, gut abtropfen lassen, halbieren und die Steine entfernen. Die Zwetschgen vierteln und 1,8 kg Fruchtfleisch abwiegen. Die Soft-Zwetschgen in Stücke schneiden. Zitrone waschen, abtrocknen, mit dem Sparschäler zwei Zestenstreifen (etwa 5 cm) abziehen und halbieren. Die Vanilleschote der Länge nach aufschneiden und das Mark herauskratzen. Ingwerstück schälen, zwei Scheiben von je 0,5 cm abschneiden.
Die Zwetschgen in einer ofenfesten Form verteilen, mit den beiden Zuckersorten, dem Zitronensaft einer Hälfte, dem Vanillemark und der Vanilleschote mischen. Die Zesten, den Anisstern, die Ingwerstücke und die Zimtrinden dazugeben.
Die Form in den Ofen schieben und die Fruchtmischung etwa 2–2½ Stunden dicklich einkochen lassen. Zwischendurch immer wieder umrühren. Die Gewürze entfernen, das Mus in die vorbereiteten Gläser abfüllen und gut verschließen.

MEIN TIPP

Ich verfeinere dieses Rezept meist mit 1–2 EL Stroh-Rum, diesen gebe ich erst nach 30 Minuten dazu. Sollten Sie Zimtstangen verwenden, dann nur eine ½ Stange nehmen.

Winterzauber

Zutaten für 10 Gläser à 225 ml

80 g ungeschwefelte Rosinen
1–2 EL brauner Rum
750 g Schattenmorellen
750 g Zwetschgen
450 g Orangen
1 ½ Anissterne
5 Nelken
½ Zimtstange
550 g Gelierzucker (3 : 1)
2 TL milder Honig

Am Vortag die Rosinen in eine kleine Schüssel geben, mit dem Rum übergießen und zugedeckt ziehen lassen. Die gefrorenen Schattenmorellen und die Zwetschgen in einen großen Topf geben. Eine Orange halbieren, auspressen und den Saft über die Früchte gießen.

Die restlichen Orangen mit einem scharfen Messer so schälen, dass auch die weiße Haut vollständig entfernt ist. Die Orangenfilets aus den Trennhäuten lösen, 250 g Orangenfilets abwiegen und zu den Schattenmorellen und Zwetschgen geben.

Die Gewürze (Anissterne, Nelken und Zimt) in einen Einmalteefilter füllen, mit Küchengarn zubinden, zu den Früchten geben und mit dem Gelierzucker bestreuen. Kühl stellen und über Nacht ziehen lassen.

Am nächsten Tag die Früchtemischung unter Rühren langsam zum Kochen bringen und 5 Minuten kochen lassen. Das Gewürzsäckchen entfernen und die Marmelade mit dem Stabmixer grob pürieren. Die Rumrosinen zusammen mit dem Honig unterrühren, den Fruchtaufstrich nochmals kurz aufkochen lassen und in die vorbereiteten Gläser abfüllen und gut verschließen.

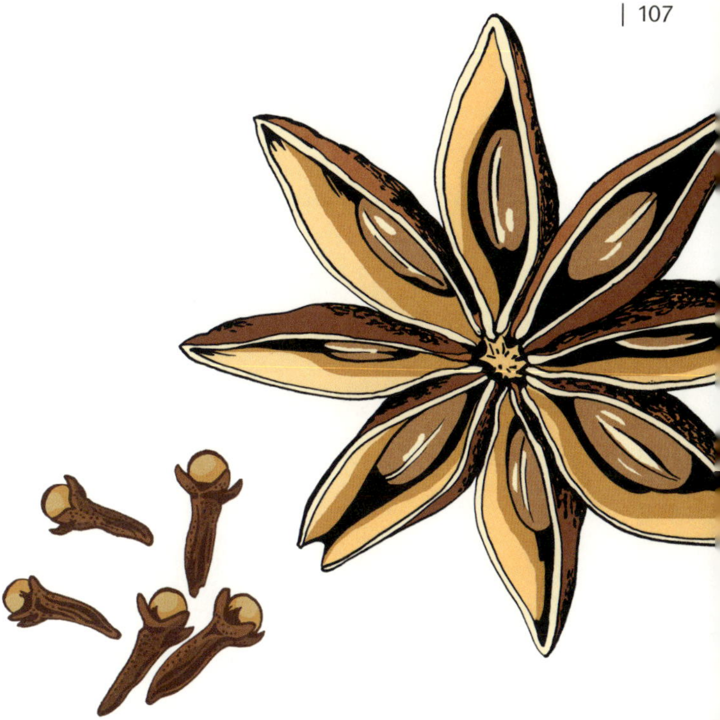

MEIN TIPP

Wie der Name Winterzauber schon sagt, koche ich dieses Rezept in der kalten Jahreszeit und verwende tiefgefrorene und bereits entsteinte Schattenmorellen und Zwetschgen.
Man kann das Rezept noch würziger gestalten, indem man kleine frische Ingwerstückchen oder andere weihnachtliche Gewürze wie Kardamom und Piment hinzufügt.

Zum Schluss

Mit einer kleinen Marmeladengeschichte habe ich begonnen, und ich möchte dieses Buch ebenso enden lassen. Es ist die Geschichte vom Kaviar Bar-le-Duc. Sie spielt im 13. Jahrhundert und handelt von einem Mann aus einfachen Verhältnissen, der dringend juristische Unterstützung benötigte, diese aber nicht bezahlen konnte. Ein Anwalt erkannte die Not des Unschuldigen und übernahm seinen Fall. Sein Mandant wurde freigesprochen. Aus Dankbarkeit bereitete der Mann für seinen Anwalt eine besondere und sehr aufwendige Köstlichkeit zu: Bar-le-Duc ist bekannt für seine wunderbaren Johannisbeeren, und so schnitt der Mann sorgsam jede Beere einzeln vom Strauch. Mit viel Geduld setzte er an der Öffnung des Stielansatzes den Kiel einer Gänsefeder an und entfernte behutsam die Kerne der Beeren, ohne dabei die Haut zu verletzen. Danach wurden die Beeren ganz vorsichtig in Zuckersirup gekocht, damit sie ihre schöne Farbe und den Geschmack behielten. Zerplatzten die so zubereiteten Johannisbeeren im Mund, prickelte es ähnlich wie beim Genuss von Kaviar. Diese sehr aufwendige Spezialität wird seit jener Zeit noch genau so hergestellt. Für den Freigesprochenen war das eine einfache, aber dennoch besondere Art seinen Dank und seine Wertschätzung zu zeigen.

Register der Rezepte

 Bezugspapier: Kat Menschik, Berlin. Gesetzt in der Schrift Adobe Garamond Pro. Gedruckt auf holzfreies, alterungsbeständiges, mattgestrichenes Papier der Firma Geese, Hamburg, vom Memminger MedienCentrum. Gebunden in Fadenheftung von der Buchbinderei Spinner, Ottersweier.

Erste Auflage 2014. Printed in Germany. ISBN 978-3-458-20008-6